구약

신명기

DEUTERONOMY

의 손글씨

시작한 날 . . .

마친 날 . . .

MISSION TORCH

신명기 DEUTERONOMY

≡ 서론

신명기의 이름은 '두 번째 율법'이라는 뜻이며, 하나님께서 시내산에서 모세에게 주신 율법의 재연과 갱신을 담고 있다. 이 율법의 재연과 갱신은 세 번에 걸친 모세의 설교 형식으로 기록되어 있다. 이 설교들은 먼저 출애굽 후 광야에서 이스라엘의 지속적인 불신가운데서 하나님께서 보여주신 신실하심을 개괄하고 있다. 또한 하나님의 백성으로 하나님을 사랑하고 율법에 순종하라는 하나님의 바람을 전하고, 언약 갱신과 더불어 헌신을 촉구하고 있다. 마지막으로 후계자 지명과 모세의 노래와 축복과 죽음을 전한다.

첫 번째 설교: 하나님이 행하신 것(1:1-4:43)	두 번째 설교: 하나님이 바라시는 것 (4:44-28:68)	세 번째 설교: 언약에 대한 헌신 요구 (29:1-34:12)
서론: 설교 배경(1:1-8) 광야에서 하나님의 신실하심(1:9-3:29) 규례에 대한 순종 요구(4:1-43)	하나님 사랑과 율법에 대한 순종(4:44-11:32) 하나님 백성으로 사는 법(12:1-26:15) 언약 갱신(26:16-28:68)	언약과 헌신 요구(29:1-30:20) 후계자 지명과 율법책(31:1-29) 모세의 축복과 죽음(31:30-34:12)

≡ 개요

보고 쓰는 손글씨 성경 활용법

손글씨 성경

신명기 Deuteronomy

서론

1 이는 모세가 요단 저쪽 숩 맞은편의 아
라바 광야 곧 바란과 도벨과 라반과 하
세롯과 디사합 사이에서 이스라엘 무리
에게 선포한 말씀이니라

2 호렙 산에서 세일 산을 지나 가데스 바
네아까지 열 하룻길이었더라

3 마흔째 해 열한째 달 그 달 첫째 날에

서론

1

2

3

소제목 표기생략

장숫자 표기생략

절숫자 표기생략

소제목, 장·절숫자가 표기되어 있어 그대로 본문을 따라 적기만 하면 됩니다.

필사 예시

손글씨 성경

신명기 Deuteronomy

서론

1 이는 모세가 요단 저쪽 숩 맞은편의 아
라바 광야 곧 바란과 도벨과 라반과 하
세롯과 디사합 사이에서 이스라엘 무리
에게 선포한 말씀이니라

2 호렙 산에서 세일 산을 지나 가데스 바
네아까지 열 하룻길이었더라

3 마흔째 해 열한째 달 그 달 첫째 날에
모세가 이스라엘 자손에게 여호와께서
그들을 위하여 자기에게 주신 명령을 다
알렸으니

4 그 때는 모세가 헤스본에 거주하는 아
모리 왕 시혼을 쳐죽이고 에드레이에서

서론

1 이는 모세가 요단 저쪽 숩 맞은편의
아라바 광야 곧 바란과 도벨과 라반과
하세롯과 디사합 사이에서 이스라엘
무리에게 선포한 말씀이니라

2 호렙 산에서 세일 산을 지나 가데스
바네아까지 열 하룻길이었더라

3 마흔째

모세가

그들을 위

다 알렸

4 그 때

아모리 왕

신명기 Deuteronomy

서론

1 이는 모세가 요단 저쪽 숩 맞은편의 아
라바 광야 곧 바란과 도벨과 라반과 하
세롯과 디사합 사이에서 이스라엘 무리
에게 선포한 말씀이니라

2 호렙 산에서 세일 산을 지나 가데스 바
네아까지 열 하룻길이었더라

3 마흔째 해 열한째 달 그 달 첫째 날에
모세가 이스라엘 자손에게 여호와께서
그들을 위하여 자기에게 주신 명령을 다
알렸으니

4 그 때는 모세가 헤스본에 거주하는 아
모리 왕 시혼을 쳐죽이고 에드레이에서
아스다롯에 거주하는 바산 왕 옥을 쳐죽
인 후라

5 모세가 요단 저쪽 모압 땅에서 이 율법
을 설명하기 시작하였더라 일렀으되

6 우리 하나님 여호와께서 호렙 산에서
우리에게 말씀하여 이르시기를 너희가
이 산에 거주한 지 오래니

7 방향을 돌려 행진하여 아모리 족속의
산지로 가고 그 근방 곳곳으로 가고 아라
바와 산지와 평지와 네겝과 해변과 가나
안 족속의 땅과 레바논과 큰 강 유브라데
까지 가라

8 내가 너희의 조상 아브라함과 이삭과

야곱에게 맹세하여 그들과 그들의 후손
에게 주리라 한 땅이 너희 앞에 있으니 들
어가서 그 땅을 차지할지니라

모세가 수령을 세우다(출 18:13-17)

9 그 때에 내가 너희에게 말하여 이르기
를 나는 홀로 너희의 짐을 질 수 없도다

10 너희의 하나님 여호와께서 너희를 번
성하게 하셨으므로 너희가 오늘날 하늘
의 별 같이 많거니와

11 너희 조상의 하나님 여호와께서 너희
를 현재보다 천 배나 많게 하시며 너희에
게 허락하신 것과 같이 너희에게 복 주시
기를 원하노라

12 그런즉 나 홀로 어찌 능히 너희의 괴로
운 일과 너희의 힘겨운 일과 너희의 다투
는 일을 담당할 수 있으랴

13 너희의 각 지파에서 지혜와 지식이 있
는 인정 받는 자들을 택하라 내가 그들을
세워 너희 수령을 삼으리라 한즉

14 너희가 내게 대답하여 이르기를 당신
의 말씀대로 하는 것이 좋다 하기에

15 내가 너희 지파의 수령으로 지혜가 있
고 인정 받는 자들을 취하여 너희의 수령
을 삼되 곧 각 지파를 따라 천부장과 백부
장과 오십부장과 십부장과 조장을 삼고

16 내가 그 때에 너희의 재판장들에게 명
하여 이르기를 너희가 너희의 형제 중에
서 송사를 들을 때에 쌍방간에 공정히 판
결할 것이며 그들 중에 있는 타국인에게

모세가 수령을 세우다(출 18:13-17)

9

10

11

12

13

14

15

16

도 그리 할 것이라
17 재판은 하나님께 속한 것인즉 너희는
재판할 때에 외모를 보지 말고 귀천을 차
별 없이 듣고 사람의 낯을 두려워하지 말
것이며 스스로 결단하기 어려운 일이 있거
든 내게로 돌리라 내가 들으리라 하였고
18 내가 너희의 행할 모든 일을 그 때에
너희에게 다 명령하였느니라

정탐할 사람을 보내다(민 13:1-33)

19 우리 하나님 여호와께서 우리에게 명
령하신 대로 우리가 호렙 산을 떠나 너희
가 보았던 그 크고 두려운 광야를 지나 아
모리 족속의 산지 길로 가데스 바네아에
이른 때에
20 내가 너희에게 이르기를 우리 하나님
여호와께서 우리에게 주신 아모리 족속
의 산지에 너희가 이르렀나니
21 너희의 하나님 여호와께서 이 땅을 너
희 앞에 두셨은즉 너희 조상의 하나님 여
호와께서 너희에게 이르신 대로 올라가서
차지하라 두려워하지 말라 주저하지 말라
한즉
22 너희가 다 내 앞으로 나아와 말하기를
우리가 사람을 우리보다 먼저 보내어 우
리를 위하여 그 땅을 정탐하고 어느 길로
올라가야 할 것과 어느 성읍으로 들어가
야 할 것을 우리에게 알리게 하자 하기에
23 내가 그 말을 좋게 여겨 너희 중 각 지
파에서 한 사람씩 열둘을 택하매
24 그들이 돌이켜 산지에 올라 에스골 골

17

18

정탐할 사람을 보내다(민 13:1-33)

19

20

21

22

23

24

짜기에 이르러 그 곳을 정탐하고
25 그 땅의 열매를 손에 가지고 우리에게
로 돌아와서 우리에게 말하여 이르되 우
리의 하나님 여호와께서 우리에게 주시
는 땅이 좋더라 하였느니라
26 그러나 너희가 올라가기를 원하지 아니
하고 너희의 하나님 여호와의 명령을 거역
하여
27 장막 중에서 원망하여 이르기를 여호
와께서 우리를 미워하시므로 아모리 족
속의 손에 넘겨 멸하시려고 우리를 애굽
땅에서 인도하여 내셨도다
28 우리가 어디로 가랴 우리의 형제들이
우리를 낙심하게 하여 말하기를 그 백성은
우리보다 장대하며 그 성읍들은 크고 성곽
은 하늘에 닿았으며 우리가 또 거기서 아
낙 자손을 보았노라 하는도다 하기로
29 내가 너희에게 말하기를 그들을 무서
워하지 말라 두려워하지 말라
30 너희보다 먼저 가시는 너희의 하나님
여호와께서 애굽에서 너희를 위하여 너
희 목전에서 모든 일을 행하신 것 같이 이
제도 너희를 위하여 싸우실 것이며
31 광야에서도 너희가 당하였거니와 사
람이 자기의 아들을 안는 것 같이 너희의
하나님 여호와께서 너희가 걸어온 길에
서 너희를 안으사 이 곳까지 이르게 하셨
느니라 하나
32 이 일에 너희가 너희의 하나님 여호와
를 믿지 아니하였도다

33 그는 너희보다 먼저 그 길을 가시며 장막 칠 곳을 찾으시고 밤에는 불로, 낮에는 구름으로 너희가 갈 길을 지시하신 자이시니라

여호와께서 이스라엘을 벌하시다(민 14:20-45)

34 여호와께서 너희의 말소리를 들으시고 노하사 맹세하여 이르시되

35 이 악한 세대 사람들 중에는 내가 그들의 조상에게 주기로 맹세한 좋은 땅을 볼 자가 하나도 없으리라

36 오직 여분네의 아들 갈렙은 온전히 여호와께 순종하였은즉 그는 그것을 볼 것이요 그가 밟은 땅을 내가 그와 그의 자손에게 주리라 하시고

37 여호와께서 너희 때문에 내게도 진노하사 이르시되 너도 그리로 들어가지 못하리라

38 네 앞에 서 있는 눈의 아들 여호수아는 그리로 들어갈 것이니 너는 그를 담대하게 하라 그가 이스라엘에게 그 땅을 기업으로 차지하게 하리라

39 또 너희가 사로잡히리라 하던 너희의 아이들과 당시에 선악을 분별하지 못하던 너희의 자녀들도 그리로 들어갈 것이라 내가 그 땅을 그들에게 주어 산업이 되게 하리라

40 너희는 방향을 돌려 홍해 길을 따라 광야로 들어갈지니라 하시매

41 너희가 대답하여 내게 이르기를 우리가 여호와께 범죄하였사오니 우리 하나

33

여호와께서 이스라엘을 벌하시다(민 14:20-45)

34

35

36

37

38

39

40

41

님께서 우리에게 명령하신 대로 우리가
올라가서 싸우리이다 하고 너희가 각각
무기를 가지고 경솔히 산지로 올라가려
할 때에

42 여호와께서 내게 이르시되 너는 그들
에게 이르기를 너희는 올라가지 말라 싸
우지도 말라 내가 너희 중에 있지 아니하
니 너희가 대적에게 패할까 하노라 하시
기로

43 내가 너희에게 말하였으나 너희가 듣지
아니하고 여호와의 명령을 거역하고 거리
낌 없이 산지로 올라가매

44 그 산지에 거주하는 아모리 족속이 너
희에게 마주 나와 벌 떼 같이 너희를 쫓아
세일 산에서 쳐서 호르마까지 이른지라

45 너희가 돌아와 여호와 앞에서 통곡하
나 여호와께서 너희의 소리를 듣지 아니
하시며 너희에게 귀를 기울이지 아니하
셨으므로

46 너희가 가데스에 여러 날 동안 머물렀
나니 곧 너희가 그 곳에 머물던 날 수대로
니라

이스라엘이 광야에서 보낸 해

2 우리가 방향을 돌려 여호와께서 내게
명령하신 대로 홍해 길로 광야에 들
어가서 여러 날 동안 세일 산을 두루 다
녔더니

2 여호와께서 내게 말씀하여 이르시되

3 너희가 이 산을 두루 다닌 지 오래니
돌이켜 북으로 나아가라

42
43
44
45
46
이스라엘이 광야에서 보낸 해
2
2
3

4 너는 또 백성에게 명령하여 이르기를
너희는 세일에 거주하는 너희 동족 에서
의 자손이 사는 지역으로 지날진대 그들
이 너희를 두려워하리니 너희는 스스로
깊이 삼가고

5 그들과 다투지 말라 그들의 땅은 한 발
자국도 너희에게 주지 아니하리니 이는
내가 세일 산을 에서에게 기업으로 주었
음이라

6 너희는 돈으로 그들에게서 양식을 사
서 먹고 돈으로 그들에게서 물을 사서 마
시라

7 네 하나님 여호와께서 네가 하는 모든
일에 네게 복을 주시고 네가 이 큰 광야에
두루 다님을 알고 네 하나님 여호와께서
이 사십 년 동안을 너와 함께 하셨으므로
네게 부족함이 없었느니라 하시기로

8 우리가 세일 산에 거주하는 우리 동족
에서의 자손을 떠나서 아라바를 지나며
엘랏과 에시온 게벨 곁으로 지나 행진하
고 돌이켜 모압 광야 길로 지날 때에

9 여호와께서 내게 이르시되 모압을 괴
롭히지 말라 그와 싸우지도 말라 그 땅을
내가 네게 기업으로 주지 아니하리니 이
는 내가 롯 자손에게 아르를 기업으로 주
었음이라

10 (이전에는 에밈 사람이 거기 거주하였
는데 아낙 족속 같이 강하고 많고 키가 크
므로

11 그들을 아낙 족속과 같이 르바임이라
불렀으나 모압 사람은 그들을 에밈이라

불렀으며
12 호리 사람도 세일에 거주하였는데 에
서의 자손이 그들을 멸하고 그 땅에 거주
하였으니 이스라엘이 여호와께서 주신
기업의 땅에서 행한 것과 같았느니라)
13 이제 너희는 일어나서 세렛 시내를 건
너가라 하시기로 우리가 세렛 시내를 건
넜으니
14 가데스 바네아에서 떠나 세렛 시내를 건
너기까지 삼십팔 년 동안이라 이 때에는 그
시대의 모든 군인들이 여호와께서 그들에
게 맹세하신 대로 진영 중에서 다 멸망하
였나니
15 여호와께서 손으로 그들을 치사 진영
중에서 멸하신 고로 마침내는 다 멸망되
었느니라
16 모든 군인이 사망하여 백성 중에서 멸
망한 후에
17 여호와께서 내게 말씀하여 이르시되
18 네가 오늘 모압 변경 아르를 지나리니
19 암몬 족속에게 가까이 이르거든 그들
을 괴롭히지 말고 그들과 다투지도 말라
암몬 족속의 땅은 내가 네게 기업으로 주
지 아니하리니 이는 내가 그것을 롯 자손
에게 기업으로 주었음이라
20 (이곳도 르바임의 땅이라 하였나니 전
에 르바임이 거기 거주하였음이요 암몬
족속은 그들을 삼숨밈이라 일컬었으며
21 그 백성은 아낙 족속과 같이 강하고 많

12

13

14

15

16

17

18

19

20

21

고 키가 컸으나 여호와께서 암몬 족속 앞
에서 그들을 멸하셨으므로 암몬 족속이
대신하여 그 땅에 거주하였으니

22 마치 세일에 거주한 에서 자손 앞에 호
리 사람을 멸하심과 같으니 그들이 호리
사람을 쫓아내고 대신하여 오늘까지 거
기에 거주하였으며

23 또 갑돌에서 나온 갑돌 사람이 가사까
지 각 촌에 거주하는 아위 사람을 멸하고
그들을 대신하여 거기에 거주하였느니
라)

24 너희는 일어나 행진하여 아르논 골짜
기를 건너라 내가 헤스본 왕 아모리 사람
시혼과 그의 땅을 네 손에 넘겼은즉 이제
더불어 싸워서 그 땅을 차지하라

25 오늘부터 내가 천하 만민이 너를 무서
워하며 너를 두려워하게 하리니 그들이
네 명성을 듣고 떨며 너로 말미암아 근심
하리라 하셨느니라

이스라엘이 헤스본 왕 시혼을 치다(민 21:21-30)

26 내가 그데못 광야에서 헤스본 왕 시혼
에게 사자를 보내어 평화의 말로 이르기를

27 나를 네 땅으로 통과하게 하라 내가 큰
길로만 행하고 좌로나 우로나 치우치지
아니하리라

28 너는 돈을 받고 양식을 팔아 내가 먹게
하고 돈을 받고 물을 주어 내가 마시게 하
라 나는 걸어서 지날 뿐인즉

29 세일에 거주하는 에서 자손과 아르에
거주하는 모압 사람이 내게 행한 것 같이

22

23

24

25

이스라엘이 헤스본 왕 시혼을 치다(민 21:21-30)

26

27

28

29

하라 그리하면 내가 요단을 건너서 우리
하나님 여호와께서 우리에게 주시는 땅
에 이르리라 하였으나

30 헤스본 왕 시혼이 우리가 통과하기를
허락하지 아니하였으니 이는 네 하나님
여호와께서 그를 네 손에 넘기시려고 그
의 성품을 완강하게 하셨고 그의 마음을
완고하게 하셨음이 오늘날과 같으니라

31 그 때에 여호와께서 내게 이르시되 내
가 이제 시혼과 그의 땅을 네게 넘기노니
너는 이제부터 그의 땅을 차지하여 기업
으로 삼으라 하시더니

32 시혼이 그의 모든 백성을 거느리고 나
와서 우리를 대적하여 야하스에서 싸울 때
에

33 우리 하나님 여호와께서 그를 우리에
게 넘기시매 우리가 그와 그의 아들들과
그의 모든 백성을 쳤고

34 그 때에 우리가 그의 모든 성읍을 점령
하고 그의 각 성읍을 그 남녀와 유아와 함
께 하나도 남기지 아니하고 진멸하였고

35 다만 그 가축과 성읍에서 탈취한 것은
우리의 소유로 삼았으며

36 우리 하나님 여호와께서 그 모든 땅을
우리에게 넘겨주심으로 아르논 골짜기
가장자리에 있는 아로엘과 골짜기 가운
데에 있는 성읍으로부터 길르앗까지 우
리가 모든 높은 성읍을 점령하지 못한 것
이 하나도 없었으나

37 오직 암몬 족속의 땅 얍복 강 가와 산

지에 있는 성읍들과 우리 하나님 여호와
께서 우리가 가기를 금하신 모든 곳은 네
가 가까이 하지 못하였느니라

이스라엘이 바산 왕 옥을 치다(민 21:21-35)

3 우리가 돌이켜 바산으로 올라가매 바
산 왕 옥이 그의 모든 백성을 거느리
고 나와서 우리를 대적하여 에드레이에
서 싸우고자 하는지라

2 여호와께서 내게 이르시되 그를 두려
워하지 말라 내가 그와 그의 모든 백성과
그의 땅을 네 손에 넘겼으니 네가 헤스본
에 거주하던 아모리 족속의 왕 시혼에게
행한 것과 같이 그에게도 행할 것이니라
하시고

3 우리 하나님 여호와께서 바산 왕 옥과
그의 모든 백성을 우리 손에 넘기시매 우
리가 그들을 쳐서 한 사람도 남기지 아니
하였느니라

4 그 때에 우리가 그들에게서 빼앗지 아
니한 성읍이 하나도 없이 다 빼앗았는데
그 성읍이 육십이니 곧 아르곱 온 지방이
요 바산에 있는 옥의 나라이니라

5 그 모든 성읍이 높은 성벽으로 둘려 있
고 문과 빗장이 있어 견고하며 그 외에 성
벽 없는 고을이 심히 많았느니라

6 우리가 헤스본 왕 시혼에게 행한 것과
같이 그 성읍들을 멸망시키되 각 성읍의
남녀와 유아를 멸망시켰으나

7 다만 모든 가축과 그 성읍들에서 탈취
한 것은 우리의 소유로 삼았으며

이스라엘이 바산 왕 옥을 치다(민 21:21-35)

3

2

3

4

5

6

7

8 그 때에 우리가 요단 강 이쪽 땅을 아
르논 골짜기에서부터 헤르몬 산에까지
아모리 족속의 두 왕에게서 빼앗았으니

9 (헤르몬 산을 시돈 사람은 시룐이라 부
르고 아모리 족속은 스닐이라 불렀느니라)

10 우리가 빼앗은 것은 평원의 모든 성읍
과 길르앗 온 땅과 바산의 온 땅 곧 옥의
나라 바산의 성읍 살르가와 에드레이까
지이니라

11 (르바임 족속의 남은 자는 바산 왕 옥뿐
이었으며 그의 침상은 철 침상이라 아직
도 암몬 족속의 랍바에 있지 아니하냐 그
것을 사람의 보통 규빗으로 재면 그 길이
가 아홉 규빗이요 너비가 네 규빗이니라)

요단 강 동쪽에 자리잡은 지파들(민 32:1-42)

12 그 때에 우리가 이 땅을 얻으매 아르논
골짜기 곁의 아로엘에서부터 길르앗 산
지 절반과 그 성읍들을 내가 르우벤 자손
과 갓 자손에게 주었고

13 길르앗의 남은 땅과 옥의 나라였던 아
르곱 온 지방 곧 온 바산으로는 내가 므낫
세 반 지파에게 주었노라 (바산을 옛적에
는 르바임의 땅이라 부르더니

14 므낫세의 아들 야일이 그술 족속과 마
아갓 족속의 경계까지의 아르곱 온 지방
을 점령하고 자기의 이름으로 이 바산을
오늘날까지 하봇야일이라 불러오느니라)

15 내가 마길에게 길르앗을 주었고

16 르우벤 자손과 갓 자손에게는 길르앗

8

9

10

11

요단 강 동쪽에 자리잡은 지파들(민 32:1-42)

12

13

14

15

16

에서부터 아르논 골짜기까지 주었으되
그 골짜기의 중앙으로 지역을 정하였으
니 곧 암몬 자손의 지역 얍복 강까지며

17 또는 아라바와 요단과 그 지역이요 긴
네렛에서 아라바 바다 곧 염해와 비스가
산기슭에 이르기까지의 동쪽 지역이니라

18 그 때에 내가 너희에게 명령하여 이르
기를 너희의 하나님 여호와께서 이 땅을
너희에게 주어 기업이 되게 하셨은즉 너
희의 군인들은 무장하고 너희의 형제 이
스라엘 자손의 선봉이 되어 건너가되

19 너희에게 가축이 많은 줄 내가 아노니
너희의 처자와 가축은 내가 너희에게 준
성읍에 머무르게 하라

20 여호와께서 너희에게 주신 것 같이 너
희의 형제에게도 안식을 주시리니 그들
도 요단 저쪽에서 너희의 하나님 여호와
께서 그들에게 주시는 땅을 받아 기업을
삼기에 이르거든 너희는 각기 내가 준 기
업으로 돌아갈 것이니라 하고

21 그 때에 내가 여호수아에게 명령하여
이르기를 너희의 하나님 여호와께서 이
두 왕에게 행하신 모든 일을 네 눈으로 보
았거니와 네가 가는 모든 나라에도 여호
와께서 이와 같이 행하시리니

22 너희는 그들을 두려워하지 말라 너희
의 하나님 여호와께서 친히 너희를 위하
여 싸우시리라 하였노라

모세가 요단을 건너지 못하다

17

18

19

20

21

22

모세가 요단을 건너지 못하다

23 그 때에 내가 여호와께 간구하기를

24 주 여호와여 주께서 주의 크심과 주의
권능을 주의 종에게 나타내시기를 시작
하셨사오니 천지간에 어떤 신이 능히 주
께서 행하신 일 곧 주의 큰 능력으로 행하
신 일 같이 행할 수 있으리이까

25 구하옵나니 나를 건너가게 하사 요단
저쪽에 있는 아름다운 땅, 아름다운 산과
레바논을 보게 하옵소서 하되

26 여호와께서 너희 때문에 내게 진노하
사 내 말을 듣지 아니하시고 내게 이르시
기를 그만해도 족하니 이 일로 다시 내게
말하지 말라

27 너는 비스가 산 꼭대기에 올라가서 눈
을 들어 동서남북을 바라고 네 눈으로 그
땅을 바라보라 너는 이 요단을 건너지 못
할 것임이니라

28 너는 여호수아에게 명령하고 그를 담
대하게 하며 그를 강하게 하라 그는 이 백
성을 거느리고 건너가서 네가 볼 땅을 그
들이 기업으로 얻게 하리라 하셨느니라

29 그 때에 우리가 벳브올 맞은편 골짜기
에 거주하였느니라

지켜야 할 하나님의 규례들

4 이스라엘아 이제 내가 너희에게 가르
치는 규례와 법도를 듣고 준행하라
그리하면 너희가 살 것이요 너희 조상의
하나님 여호와께서 너희에게 주시는 땅
에 들어가서 그것을 얻게 되리라

23

24

25

26

27

28

29

지켜야 할 하나님의 규례들

4

2 내가 너희에게 명령하는 말을 너희는
가감하지 말고 내가 너희에게 내리는 너
희 하나님 여호와의 명령을 지키라

3 여호와께서 바알브올의 일로 말미암
아 행하신 바를 너희가 눈으로 보았거니
와 바알브올을 따른 모든 사람을 너희의
하나님 여호와께서 너희 가운데에서 멸
망시키셨으되

4 오직 너희의 하나님 여호와께 붙어 떠
나지 않은 너희는 오늘까지 다 생존하였
느니라

5 내가 나의 하나님 여호와께서 명령하
신 대로 규례와 법도를 너희에게 가르쳤
나니 이는 너희가 들어가서 기업으로 차
지할 땅에서 그대로 행하게 하려 함인즉

6 너희는 지켜 행하라 이것이 여러 민족
앞에서 너희의 지혜요 너희의 지식이라
그들이 이 모든 규례를 듣고 이르기를 이
큰 나라 사람은 과연 지혜와 지식이 있는
백성이로다 하리라

7 우리 하나님 여호와께서 우리가 그에
게 기도할 때마다 우리에게 가까이 하심
과 같이 그 신이 가까이 함을 얻은 큰 나
라가 어디 있느냐

8 오늘 내가 너희에게 선포하는 이 율법
과 같이 그 규례와 법도가 공의로운 큰 나
라가 어디 있느냐

9 오직 너는 스스로 삼가며 네 마음을 힘
써 지키라 그리하여 네가 눈으로 본 그 일
을 잊어버리지 말라 네가 생존하는 날 동

2

3

4

5

6

7

8

9

안에 그 일들이 네 마음에서 떠나지 않도
록 조심하라 너는 그 일들을 네 아들들과
네 손자들에게 알게 하라

10 네가 호렙 산에서 네 하나님 여호와 앞
에 섰던 날에 여호와께서 내게 이르시기
를 나에게 백성을 모으라 내가 그들에게
내 말을 들려주어 그들이 세상에 사는 날
동안 나를 경외함을 배우게 하며 그 자녀
에게 가르치게 하리라 하시매

11 너희가 가까이 나아와서 산 아래에 서
니 그 산에 불이 붙어 불길이 충천하고 어
둠과 구름과 흑암이 덮였는데

12 여호와께서 불길 중에서 너희에게 말
씀하시되 음성뿐이므로 너희가 그 말소
리만 듣고 형상은 보지 못하였느니라

13 여호와께서 그의 언약을 너희에게 반
포하시고 너희에게 지키라 명령하셨으니
곧 십계명이며 두 돌판에 친히 쓰신 것이
라

14 그 때에 여호와께서 내게 명령하사 너
희에게 규례와 법도를 교훈하게 하셨나
니 이는 너희가 거기로 건너가 받을 땅에
서 행하게 하려 하심이니라

우상을 만들어 섬기지 말라

15 여호와께서 호렙 산 불길 중에서 너희
에게 말씀하시던 날에 너희가 어떤 형상
도 보지 못하였은즉 너희는 깊이 삼가라

16 그리하여 스스로 부패하여 자기를 위
해 어떤 형상대로든지 우상을 새겨 만들
지 말라 남자의 형상이든지, 여자의 형상

10

11

12

13

14

우상을 만들어 섬기지 말라

15

16

이든지,

17 땅 위에 있는 어떤 짐승의 형상이든지,
하늘을 나는 날개 가진 어떤 새의 형상이
든지,

18 땅 위에 기는 어떤 곤충의 형상이든지,
땅 아래 물 속에 있는 어떤 어족의 형상이
든지 만들지 말라

19 또 그리하여 네가 하늘을 향하여 눈을
들어 해와 달과 별들, 하늘 위의 모든 천
체 곧 너희의 하나님 여호와께서 천하 만
민을 위하여 배정하신 것을 보고 미혹하
여 그것에 경배하며 섬기지 말라

20 여호와께서 너희를 택하시고 너희를
쇠 풀무불 곧 애굽에서 인도하여 내사 자
기 기업의 백성을 삼으신 것이 오늘과 같
아도

21 여호와께서 너희로 말미암아 내게 진
노하사 내게 요단을 건너지 못하며 네 하
나님 여호와께서 네게 기업으로 주신 그
아름다운 땅에 들어가지 못하게 하리라
고 맹세하셨은즉

22 나는 이 땅에서 죽고 요단을 건너지 못
하려니와 너희는 건너가서 그 아름다운
땅을 얻으리니

23 너희는 스스로 삼가 너희의 하나님 여
호와께서 너희와 세우신 언약을 잊지 말
고 네 하나님 여호와께서 금하신 어떤 형
상의 우상도 조각하지 말라

24 네 하나님 여호와는 소멸하는 불이시
요 질투하시는 하나님이시니라

17

18

19

20

21

22

23

24

25 네가 그 땅에서 아들을 낳고 손자를 얻
으며 오래 살 때에 만일 스스로 부패하여
무슨 형상의 우상이든지 조각하여 네 하
나님 여호와 앞에 악을 행함으로 그의 노
를 일으키면

26 내가 오늘 천지를 불러 증거를 삼노니
너희가 요단을 건너가서 얻는 땅에서 속
히 망할 것이라 너희가 거기서 너희의 날
이 길지 못하고 전멸될 것이니라

27 여호와께서 너희를 여러 민족 중에 흩
으실 것이요 여호와께서 너희를 쫓아 보
내실 그 여러 민족 중에 너희의 남은 수가
많지 못할 것이며

28 너희는 거기서 사람의 손으로 만든 바
보지도 못하며 듣지도 못하며 먹지도 못
하며 냄새도 맡지 못하는 목석의 신들을
섬기리라

29 그러나 네가 거기서 네 하나님 여호와
를 찾게 되리니 만일 마음을 다하고 뜻을
다하여 그를 찾으면 만나리라

30 이 모든 일이 네게 임하여 환난을 당하
다가 끝날에 네가 네 하나님 여호와께로
돌아와서 그의 말씀을 청종하리니

31 네 하나님 여호와는 자비하신 하나님
이심이라 그가 너를 버리지 아니하시며
너를 멸하지 아니하시며 네 조상들에게
맹세하신 언약을 잊지 아니하시리라

32 네가 있기 전 하나님이 사람을 세상에
창조하신 날부터 지금까지 지나간 날을
상고하여 보라 하늘 이 끝에서 저 끝까지

25

26

27

28

29

30

31

32

이런 큰 일이 있었느냐 이런 일을 들은 적
이 있었느냐

33 어떤 국민이 불 가운데에서 말씀하시
는 하나님의 음성을 너처럼 듣고 생존하
였느냐

34 어떤 신이 와서 시험과 이적과 기사와
전쟁과 강한 손과 편 팔과 크게 두려운 일
로 한 민족을 다른 민족에게서 인도하여
낸 일이 있느냐 이는 다 너희의 하나님 여
호와께서 애굽에서 너희를 위하여 너희
의 목전에서 행하신 일이라

35 이것을 네게 나타내심은 여호와는 하
나님이시요 그 외에는 다른 신이 없음을
네게 알게 하려 하심이니라

36 여호와께서 너를 교훈하시려고 하늘
에서부터 그의 음성을 네게 듣게 하시며
땅에서는 그의 큰 불을 네게 보이시고 네
가 불 가운데서 나오는 그의 말씀을 듣게
하셨느니라

37 여호와께서 네 조상들을 사랑하신 고
로 그 후손인 너를 택하시고 큰 권능으로
친히 인도하여 애굽에서 나오게 하시며

38 너보다 강대한 여러 민족을 네 앞에서
쫓아내고 너를 그들의 땅으로 인도하여
들여서 그것을 네게 기업으로 주려 하심
이 오늘과 같으니라

39 그런즉 너는 오늘 위로 하늘에나 아래
로 땅에 오직 여호와는 하나님이시요 다
른 신이 없는 줄을 알아 명심하고

40 오늘 내가 네게 명령하는 여호와의 규

례와 명령을 지키라 너와 네 후손이 복을
받아 네 하나님 여호와께서 네게 주시는
땅에서 한 없이 오래 살리라

요단 강 동쪽의 도피성

41 그 때에 모세가 요단 이쪽 해 돋는 쪽
에서 세 성읍을 구별하였으니

42 이는 과거에 원한이 없이 부지중에 살
인한 자가 그 곳으로 도피하게 하기 위함
이며 그 중 한 성읍으로 도피한 자가 그의
생명을 보전하게 하기 위함이라

43 하나는 광야 평원에 있는 베셀이라 르
우벤 지파를 위한 것이요 하나는 길르앗
라못이라 갓 지파를 위한 것이요 하나는
바산 골란이라 므낫세 지파를 위한 것이
었더라

모세가 선포한 율법

44 모세가 이스라엘 자손에게 선포한 율
법은 이러하니라

45 이스라엘 자손이 애굽에서 나온 후에
모세가 증언과 규례와 법도를 선포하였
으니

46 요단 동쪽 벳브올 맞은편 골짜기에서
그리하였더라 이 땅은 헤스본에 사는 아
모리 족속의 왕 시혼에게 속하였더니 모
세와 이스라엘 자손이 애굽에서 나온 후
에 그를 쳐서 멸하고

47 그 땅을 기업으로 얻었고 또 바산 왕
옥의 땅을 얻었으니 그 두 사람은 아모리
족속의 왕으로서 요단 이쪽 해 돋는 쪽에
살았으며

요단 강 동쪽의 도피성
41
42
43
44
45
46
47

48 그 얻은 땅은 아르논 골짜기 가장자리
의 아로엘에서부터 시온 산 곧 헤르몬 산
까지요

49 요단 이쪽 곧 그 동쪽 온 아라바니 비
스가 기슭 아래 아라바의 바다까지이니
라

십계명(출 20:1-17)

5 모세가 온 이스라엘을 불러 그들에게
이르되 이스라엘아 오늘 내가 너희의
귀에 말하는 규례와 법도를 듣고 그것을
배우며 지켜 행하라

2 우리 하나님 여호와께서 호렙 산에서
우리와 언약을 세우셨나니

3 이 언약은 여호와께서 우리 조상들과
세우신 것이 아니요 오늘 여기 살아 있는
우리 곧 우리와 세우신 것이라

4 여호와께서 산 위 불 가운데에서 너희
와 대면하여 말씀하시매

5 그 때에 너희가 불을 두려워하여 산에
오르지 못하므로 내가 여호와와 너희 중
간에 서서 여호와의 말씀을 너희에게 전
하였노라 여호와께서 이르시되

6 나는 너를 애굽 땅, 종 되었던 집에서
인도하여 낸 네 하나님 여호와라

7 나 외에는 다른 신들을 네게 두지 말지
니라

8 너는 자기를 위하여 새긴 우상을 만들
지 말고 위로 하늘에 있는 것이나 아래로
땅에 있는 것이나 땅밑 물 속에 있는 것의
어떤 형상도 만들지 말며

48

49

십계명(출 20:1-17)

5

2

3

4

5

6

7

8

9 그것들에게 절하지 말며 그것들을 섬
기지 말라 나 네 하나님 여호와는 질투하
는 하나님인즉 나를 미워하는 자의 죄를
갚되 아버지로부터 아들에게로 삼사 대
까지 이르게 하거니와

10 나를 사랑하고 내 계명을 지키는 자에
게는 천 대까지 은혜를 베푸느니라

11 너는 네 하나님 여호와의 이름을 망령
되이 일컫지 말라 나 여호와는 내 이름을
망령되이 일컫는 자를 죄 없는 줄로 인정
하지 아니하리라

12 네 하나님 여호와가 네게 명령한 대로
안식일을 지켜 거룩하게 하라

13 엿새 동안은 힘써 네 모든 일을 행할
것이나

14 일곱째 날은 네 하나님 여호와의 안식일
인즉 너나 네 아들이나 네 딸이나 네 남종
이나 네 여종이나 네 소나 네 나귀나 네 모
든 가축이나 네 문 안에 유하는 객이라도
아무 일도 하지 못하게 하고 네 남종이나
네 여종에게 너 같이 안식하게 할지니라

15 너는 기억하라 네가 애굽 땅에서 종이
되었더니 네 하나님 여호와가 강한 손과
편 팔로 거기서 너를 인도하여 내었나니
그러므로 네 하나님 여호와가 네게 명령
하여 안식일을 지키라 하느니라

16 너는 네 하나님 여호와께서 명령한 대
로 네 부모를 공경하라 그리하면 네 하나
님 여호와가 네게 준 땅에서 네 생명이 길
고 복을 누리리라

9

10

11

12

13

14

15

16

17 살인하지 말지니라

18 간음하지 말지니라

19 도둑질 하지 말지니라

20 네 이웃에 대하여 거짓 증거하지 말지니라

21 네 이웃의 아내를 탐내지 말지니라 네 이웃의 집이나 그의 밭이나 그의 남종이나 그의 여종이나 그의 소나 그의 나귀나 네 이웃의 모든 소유를 탐내지 말지니라

여호와의 음성 듣기를 두려워하다(출 20:18-21)

22 여호와께서 이 모든 말씀을 산 위 불 가운데, 구름 가운데, 흑암 가운데에서 큰 음성으로 너희 총회에 이르신 후에 더 말씀하지 아니하시고 그것을 두 돌판에 써서 내게 주셨느니라

23 산이 불에 타며 캄캄한 가운데에서 나오는 그 소리를 너희가 듣고 너희 지파의 수령과 장로들이 내게 나아와

24 말하되 우리 하나님 여호와께서 그의 영광과 위엄을 우리에게 보이시매 불 가운데에서 나오는 음성을 우리가 들었고 하나님이 사람과 말씀하시되 그 사람이 생존하는 것을 오늘 우리가 보았나이다

25 이제 우리가 죽을 까닭이 무엇이니이까 이 큰 불이 우리를 삼킬 것이요 만일 우리가 우리 하나님 여호와의 음성을 다시 들으면 죽을 것이라

26 육신을 가진 자로서 우리처럼 살아 계시는 하나님의 음성이 불 가운데에서 발함을 듣고 생존한 자가 누구니이까

17

18

19

20

21

여호와의 음성 듣기를 두려워하다(출 20:18-21)

22

23

24

25

26

27 당신은 가까이 나아가서 우리 하나님
여호와께서 하시는 말씀을 다 듣고 우리
하나님 여호와께서 당신에게 이르시는
것을 다 우리에게 전하소서 우리가 듣고
행하겠나이다 하였느니라

28 여호와께서 너희가 내게 말할 때에 너
희가 말하는 소리를 들으신지라 여호와
께서 내게 이르시되 이 백성이 네게 말하
는 그 말소리를 내가 들은즉 그 말이 다
옳도다

29 다만 그들이 항상 이같은 마음을 품어
나를 경외하며 내 모든 명령을 지켜서 그
들과 그 자손이 영원히 복 받기를 원하노
라

30 가서 그들에게 각기 장막으로 돌아가
라 이르고

31 너는 여기 내 곁에 서 있으라 내가 모
든 명령과 규례와 법도를 네게 이르리니
너는 그것을 그들에게 가르쳐서 내가 그
들에게 기업으로 주는 땅에서 그들에게
이것을 행하게 하라 하셨나니

32 그런즉 너희 하나님 여호와께서 너희
에게 명령하신 대로 너희는 삼가 행하여
좌로나 우로나 치우치지 말고

33 너희 하나님 여호와께서 너희에게 명
령하신 모든 도를 행하라 그리하면 너희
가 살 것이요 복이 너희에게 있을 것이며
너희가 차지한 땅에서 너희의 날이 길리
라

27

28

29

30

31

32

33

여호와의 명령과 규례와 법도

6 이는 곧 너희의 하나님 여호와께서 너
희에게 가르치라고 명하신 명령과 규
례와 법도라 너희가 건너가서 차지할 땅
에서 행할 것이니
2 곧 너와 네 아들과 네 손자들이 평생에
네 하나님 여호와를 경외하며 내가 너희
에게 명한 그 모든 규례와 명령을 지키게
하기 위한 것이며 또 네 날을 장구하게 하
기 위한 것이라
3 이스라엘아 듣고 삼가 그것을 행하라
그리하면 네가 복을 받고 네 조상들의 하
나님 여호와께서 네게 허락하심 같이 젖
과 꿀이 흐르는 땅에서 네가 크게 번성하
리라
4 이스라엘아 들으라 우리 하나님 여호
와는 오직 유일한 여호와이시니
5 너는 마음을 다하고 뜻을 다하고 힘을
다하여 네 하나님 여호와를 사랑하라
6 오늘 내가 네게 명하는 이 말씀을 너는
마음에 새기고
7 네 자녀에게 부지런히 가르치며 집에
앉았을 때에든지 길을 갈 때에든지 누워
있을 때에든지 일어날 때에든지 이 말씀
을 강론할 것이며
8 너는 또 그것을 네 손목에 매어 기호를
삼으며 네 미간에 붙여 표로 삼고
9 또 네 집 문설주와 바깥 문에 기록할지
니라

불순종에 대한 경고

10 네 하나님 여호와께서 네 조상 아브라

6
2
3
4
5
6
7
8
9
불순종에 대한 경고
10

함과 이삭과 야곱을 향하여 네게 주리라
맹세하신 땅으로 너를 들어가게 하시고
네가 건축하지 아니한 크고 아름다운 성
읍을 얻게 하시며

11 네가 채우지 아니한 아름다운 물건이
가득한 집을 얻게 하시며 네가 파지 아니
한 우물을 차지하게 하시며 네가 심지 아
니한 포도원과 감람나무를 차지하게 하
사 네게 배불리 먹게 하실 때에

12 너는 조심하여 너를 애굽 땅 종 되었던
집에서 인도하여 내신 여호와를 잊지 말고

13 네 하나님 여호와를 경외하며 그를 섬
기며 그의 이름으로 맹세할 것이니라

14 너희는 다른 신들 곧 네 사면에 있는
백성의 신들을 따르지 말라

15 너희 중에 계신 너희의 하나님 여호와
는 질투하시는 하나님이신즉 너희의 하
나님 여호와께서 네게 진노하사 너를 지
면에서 멸절시키실까 두려워하노라

16 너희가 맛사에서 시험한 것 같이 너희
의 하나님 여호와를 시험하지 말고

17 너희의 하나님 여호와께서 너희에게
명하신 명령과 증거와 규례를 삼가 지키
며

18-19 여호와께서 보시기에 정직하고 선량
한 일을 행하라 그리하면 네가 복을 받고
그 땅에 들어가서 여호와께서 모든 대적
을 네 앞에서 쫓아내시겠다고 네 조상들
에게 맹세하신 아름다운 땅을 차지하리
니 여호와의 말씀과 같으니라

11

12

13

14

15

16

17

18-19

20 후일에 네 아들이 네게 묻기를 우리 하
나님 여호와께서 명령하신 증거와 규례
와 법도가 무슨 뜻이냐 하거든

21 너는 네 아들에게 이르기를 우리가 옛
적에 애굽에서 바로의 종이 되었더니 여
호와께서 권능의 손으로 우리를 애굽에
서 인도하여 내셨나니

22 곧 여호와께서 우리의 목전에서 크고
두려운 이적과 기사를 애굽과 바로와 그
의 온 집에 베푸시고

23 우리 조상들에게 맹세하신 땅을 우리
에게 주어 들어가게 하시려고 우리를 거
기서 인도하여 내시고

24 여호와께서 우리에게 이 모든 규례를
지키라 명령하셨으니 이는 우리가 우리
하나님 여호와를 경외하여 항상 복을 누
리게 하기 위하심이며 또 여호와께서 우
리를 오늘과 같이 살게 하려 하심이라

25 우리가 그 명령하신 대로 이 모든 명령
을 우리 하나님 여호와 앞에서 삼가 지키
면 그것이 곧 우리의 의로움이니라 할지
니라

여호와께서 택하신 민족 (출 34:11-16)

7 네 하나님 여호와께서 너를 인도하사
네가 가서 차지할 땅으로 들이시고 네
앞에서 여러 민족 헷 족속과 기르가스 족
속과 아모리 족속과 가나안 족속과 브리
스 족속과 히위 족속과 여부스 족속 곧 너
보다 많고 힘이 센 일곱 족속을 쫓아내실
때에

20

21

22

23

24

25

여호와께서 택하신 민족 (출 34:11-16)

7

2 네 하나님 여호와께서 그들을 네게 넘겨 네게 치게 하시리니 그 때에 너는 그들을 진멸할 것이라 그들과 어떤 언약도 하지 말 것이요 그들을 불쌍히 여기지도 말 것이며

3 또 그들과 혼인하지도 말지니 네 딸을 그들의 아들에게 주지 말 것이요 그들의 딸도 네 며느리로 삼지 말 것은

4 그가 네 아들을 유혹하여 그가 여호와를 떠나고 다른 신들을 섬기게 하므로 여호와께서 너희에게 진노하사 갑자기 너희를 멸하실 것임이니라

5 오직 너희가 그들에게 행할 것은 이러하니 그들의 제단을 헐며 주상을 깨뜨리며 아세라 목상을 찍으며 조각한 우상들을 불사를 것이니라

6 너는 여호와 네 하나님의 성민이라 네 하나님 여호와께서 지상 만민 중에서 너를 자기 기업의 백성으로 택하셨나니

7 여호와께서 너희를 기뻐하시고 너희를 택하심은 너희가 다른 민족보다 수효가 많기 때문이 아니니라 너희는 오히려 모든 민족 중에 가장 적으니라

8 여호와께서 다만 너희를 사랑하심으로 말미암아, 또는 너희의 조상들에게 하신 맹세를 지키려 하심으로 말미암아 자기의 권능의 손으로 너희를 인도하여 내시되 너희를 그 종 되었던 집에서 애굽 왕 바로의 손에서 속량하셨나니

9 그런즉 너는 알라 오직 네 하나님 여호

와는 하나님이시요 신실하신 하나님이시
라 그를 사랑하고 그의 계명을 지키는 자
에게는 천 대까지 그의 언약을 이행하시
며 인애를 베푸시되

10 **그를 미워하는 자에게는 당장에 보응하**
여 멸하시나니 여호와는 자기를 미워하는
자에게 지체하지 아니하시고 당장에 그에
게 보응하시느니라

11 **그런즉 너는 오늘 내가 네게 명하는 명**
령과 규례와 법도를 지켜 행할지니라

법도를 듣고 지켜 행하면(신 28:1-14)

12 **너희가 이 모든 법도를 듣고 지켜 행하**
면 네 하나님 여호와께서 네 조상들에게
맹세하신 언약을 지켜 네게 인애를 베푸실
것이라

13 **곧 너를 사랑하시고 복을 주사 너를 번**
성하게 하시되 네게 주리라고 네 조상들
에게 맹세하신 땅에서 네 소생에게 은혜
를 베푸시며 네 토지 소산과 곡식과 포도
주와 기름을 풍성하게 하시고 네 소와 양
을 번식하게 하시리니

14 **네가 복을 받음이 만민보다 훨씬 더하**
여 너희 중의 남녀와 너희의 짐승의 암수
에 생육하지 못함이 없을 것이며

15 **여호와께서 또 모든 질병을 네게서 멀**
리 하사 너희가 아는 애굽의 악질에 걸리
지 않게 하시고 너를 미워하는 모든 자에
게 걸리게 하실 것이라

16 **네 하나님 여호와께서 네게 넘겨주신**
모든 민족을 네 눈이 긍휼히 여기지 말고

10

11

법도를 듣고 지켜 행하면(신 28:1-14)

12

13

14

15

16

진멸하며 그들의 신을 섬기지 말라 그것
이 네게 올무가 되리라

17 네가 혹시 심중에 이르기를 이 민족들
이 나보다 많으니 내가 어찌 그를 쫓아낼
수 있으리요 하리라마는

18 그들을 두려워하지 말고 네 하나님 여
호와께서 바로와 온 애굽에 행하신 것을
잘 기억하되

19 네 하나님 여호와께서 너를 인도하여
내실 때에 네가 본 큰 시험과 이적과 기사
와 강한 손과 편 팔을 기억하라 네 하나님
여호와께서 네가 두려워하는 모든 민족
에게 그와 같이 행하실 것이요

20 네 하나님 여호와께서 또 왕벌을 그들
중에 보내어 그들의 남은 자와 너를 피하
여 숨은 자를 멸하시리니

21 너는 그들을 두려워하지 말라 너희의
하나님 여호와 곧 크고 두려운 하나님이
너희 중에 계심이니라

22 네 하나님 여호와께서 이 민족들을 네
앞에서 조금씩 쫓아내시리니 너는 그들
을 급히 멸하지 말라 들짐승이 번성하여
너를 해할까 하노라

23 네 하나님 여호와께서 그들을 네게 넘
기시고 그들을 크게 혼란하게 하여 마침
내 진멸하시고

24 그들의 왕들을 네 손에 넘기시리니 너
는 그들의 이름을 천하에서 제하여 버리
라 너를 당할 자가 없이 네가 마침내 그들

17

18

19

20

21

22

23

24

을 진멸하리라

25 너는 그들이 조각한 신상들을 불사르
고 그것에 입힌 은이나 금을 탐내지 말며
취하지 말라 네가 그것으로 말미암아 올
무에 걸릴까 하노니 이는 네 하나님 여호
와께서 가증히 여기시는 것임이니라

26 너는 가증한 것을 네 집에 들이지 말라
너도 그것과 같이 진멸 당할까 하노라 너
는 그것을 멀리하며 심히 미워하라 그것
은 진멸 당할 것임이니라

이스라엘이 차지할 아름다운 땅

8 내가 오늘 명하는 모든 명령을 너희
는 지켜 행하라 그리하면 너희가 살
고 번성하고 여호와께서 너희의 조상들
에게 맹세하신 땅에 들어가서 그것을 차
지하리라

2 네 하나님 여호와께서 이 사십 년 동안
에 네게 광야 길을 걷게 하신 것을 기억하
라 이는 너를 낮추시며 너를 시험하사 네
마음이 어떠한지 그 명령을 지키는지 지
키지 않는지 알려 하심이라

3 너를 낮추시며 너를 주리게 하시며 또
너도 알지 못하며 네 조상들도 알지 못하
던 만나를 네게 먹이신 것은 사람이 떡으
로만 사는 것이 아니요 여호와의 입에서
나오는 모든 말씀으로 사는 줄을 네가 알
게 하려 하심이니라

4 이 사십 년 동안에 네 의복이 해어지지
아니하였고 네 발이 부르트지 아니하였
느니라

25

26

이스라엘이 차지할 아름다운 땅

8

2

3

4

5 너는 사람이 그 아들을 징계함 같이 네 하나님 여호와께서 너를 징계하시는 줄 마음에 생각하고

6 네 하나님 여호와의 명령을 지켜 그의 길을 따라가며 그를 경외할지니라

7 네 하나님 여호와께서 너를 아름다운 땅에 이르게 하시나니 그 곳은 골짜기든지 산지든지 시내와 분천과 샘이 흐르고

8 밀과 보리의 소산지요 포도와 무화과와 석류와 감람나무와 꿀의 소산지라

9 네가 먹을 것에 모자람이 없고 네게 아무 부족함이 없는 땅이며 그 땅의 돌은 철이요 산에서는 동을 캘 것이라

10 네가 먹어서 배부르고 네 하나님 여호와께서 옥토를 네게 주셨음으로 말미암아 그를 찬송하리라

여호와를 잊지 말라

11 내가 오늘 네게 명하는 여호와의 명령과 법도와 규례를 지키지 아니하고 네 하나님 여호와를 잊어버리지 않도록 삼갈지어다

12 네가 먹어서 배부르고 아름다운 집을 짓고 거주하게 되며

13 또 네 소와 양이 번성하며 네 은금이 증식되며 네 소유가 다 풍부하게 될 때에

14 네 마음이 교만하여 네 하나님 여호와를 잊어버릴까 염려하노라 여호와는 너를 애굽 땅 종 되었던 집에서 이끌어 내시고

15 너를 인도하여 그 광대하고 위험한 광

5
6
7
8
9
10
여호와를 잊지 말라
11
12
13
14
15

야 곧 불뱀과 전갈이 있고 물이 없는 간조
한 땅을 지나게 하셨으며 또 너를 위하여
단단한 반석에서 물을 내셨으며

16 네 조상들도 알지 못하던 만나를 광야
에서 네게 먹이셨나니 이는 다 너를 낮추
시며 너를 시험하사 마침내 네게 복을 주
려 하심이었느니라

17 그러나 네가 마음에 이르기를 내 능력과
내 손의 힘으로 내가 이 재물을 얻었다 말
할 것이라

18 네 하나님 여호와를 기억하라 그가 네
게 재물 얻을 능력을 주셨음이라 이같이
하심은 네 조상들에게 맹세하신 언약을
오늘과 같이 이루려 하심이니라

19 네가 만일 네 하나님 여호와를 잊어버
리고 다른 신들을 따라 그들을 섬기며 그
들에게 절하면 내가 너희에게 증거하노
니 너희가 반드시 멸망할 것이라

20 여호와께서 너희 앞에서 멸망시키신
민족들 같이 너희도 멸망하리니 이는 너
희가 너희의 하나님 여호와의 소리를 청
종하지 아니함이니라

백성의 불순종

9 이스라엘아 들으라 네가 오늘 요단을
건너 너보다 강대한 나라들로 들어가
서 그것을 차지하리니 그 성읍들은 크고
성벽은 하늘에 닿았으며

2 크고 많은 백성은 네가 아는 아낙 자손이
라 그에 대한 말을 네가 들었나니 이르기를
누가 아낙 자손을 능히 당하리요 하거니와

16
17
18
19
20
백성의 불순종
9
2

3 오늘 너는 알라 네 하나님 여호와께서
맹렬한 불과 같이 네 앞에 나아가신즉 여
호와께서 그들을 멸하사 네 앞에 엎드러
지게 하시리니 여호와께서 네게 말씀하신
것 같이 너는 그들을 쫓아내며 속히 멸할
것이라

4 네 하나님 여호와께서 그들을 네 앞에
서 쫓아내신 후에 네가 심중에 이르기를
내 공의로움으로 말미암아 여호와께서
나를 이 땅으로 인도하여 들여서 그것을
차지하게 하셨다 하지 말라 이 민족들이
악함으로 말미암아 여호와께서 그들을
네 앞에서 쫓아내심이니라

5 네가 가서 그 땅을 차지함은 네 공의로
말미암음도 아니며 네 마음이 정직함으
로 말미암음도 아니요 이 민족들이 악함
으로 말미암아 네 하나님 여호와께서 그
들을 네 앞에서 쫓아내심이라 여호와께
서 이같이 하심은 네 조상 아브라함과 이
삭과 야곱에게 하신 맹세를 이루려 하심
이니라

6 그러므로 네가 알 것은 네 하나님 여호
와께서 네게 이 아름다운 땅을 기업으로
주신 것이 네 공의로 말미암음이 아니니
라 너는 목이 곧은 백성이니라

7 너는 광야에서 네 하나님 여호와를 격
노하게 하던 일을 잊지 말고 기억하라 네
가 애굽 땅에서 나오던 날부터 이 곳에 이
르기까지 늘 여호와를 거역하였으되

8 호렙 산에서 너희가 여호와를 격노하
게 하였으므로 여호와께서 진노하사 너

3

4

5

6

7

8

희를 멸하려 하셨느니라

9 **그 때에 내가 돌판들 곧 여호와께서 너**
희와 세우신 언약의 돌판들을 받으려고
산에 올라가서 사십 주 사십 야를 산에 머
물며 떡도 먹지 아니하고 물도 마시지 아
니하였더니

10 **여호와께서 두 돌판을 내게 주셨나니**
그 돌판의 글은 하나님이 손으로 기록하
신 것이요 너희의 총회 날에 여호와께서
산상 불 가운데서 너희에게 이르신 모든
말씀이니라

11 **사십 주 사십 야를 지난 후에 여호와께**
서 내게 돌판 곧 언약의 두 돌판을 주시고

12 **내게 이르시되 일어나 여기서 속히 내**
려가라 네가 애굽에서 인도하여 낸 네 백
성이 스스로 부패하여 내가 그들에게 명
령한 도를 속히 떠나 자기를 위하여 우상
을 부어 만들었느니라

13 **여호와께서 또 내게 말씀하여 이르시**
되 내가 이 백성을 보았노라 보라 이는 목
이 곧은 백성이니라

14 **나를 막지 말라 내가 그들을 멸하여 그**
들의 이름을 천하에서 없애고 너를 그들
보다 강대한 나라가 되게 하리라 하시기
로

15 **내가 돌이켜 산에서 내려오는데 산에**
는 불이 붙었고 언약의 두 돌판은 내 두
손에 있었느니라

16 **내가 본즉 너희가 너희의 하나님 여호**
와께 범죄하여 자기를 위하여 송아지를

9

10

11

12

13

14

15

16

부어 만들어서 여호와께서 명령하신 도
를 빨리 떠났기로

17 내가 그 두 돌판을 내 두 손으로 들어
던져 너희의 목전에서 깨뜨렸노라

18 그리고 내가 전과 같이 사십 주 사십
야를 여호와 앞에 엎드려서 떡도 먹지 아
니하고 물도 마시지 아니하였으니 이는
너희가 여호와의 목전에 악을 행하여 그
를 격노하게 하여 크게 죄를 지었음이라

19 여호와께서 심히 분노하사 너희를 멸
하려 하셨으므로 내가 두려워하였노라
그러나 여호와께서 그 때에도 내 말을 들
으셨고

20 여호와께서 또 아론에게 진노하사 그
를 멸하려 하셨으므로 내가 그 때에도 아
론을 위하여 기도하고

21 너희의 죄 곧 너희가 만든 송아지를 가
져다가 불살라 찧고 티끌 같이 가늘게 갈
아 그 가루를 산에서 흘러내리는 시내에
뿌렸느니라

22 너희가 다베라와 맛사와 기브롯 핫다
아와에서도 여호와를 격노하게 하였느니
라

23 여호와께서 너희를 가데스 바네아에
서 떠나게 하실 때에 이르시기를 너희는
올라가서 내가 너희에게 준 땅을 차지하
라 하시되 너희가 너희의 하나님 여호와
의 명령을 거역하여 믿지 아니하고 그 말
씀을 듣지 아니하였나니

24 내가 너희를 알던 날부터 너희가 항상

여호와를 거역하여 왔느니라
25 그 때에 여호와께서 너희를 멸하겠다
하셨으므로 내가 여전히 사십 주 사십 야
를 여호와 앞에 엎드리고
26 여호와께 간구하여 이르되 주 여호와
여 주께서 큰 위엄으로 속량하시고 강한
손으로 애굽에서 인도하여 내신 주의 백
성 곧 주의 기업을 멸하지 마옵소서
27 주의 종 아브라함과 이삭과 야곱을 생
각하사 이 백성의 완악함과 악과 죄를 보
지 마옵소서
28 주께서 우리를 인도하여 내신 그 땅 백
성이 말하기를 여호와께서 그들에게 허
락하신 땅으로 그들을 인도하여 들일 만
한 능력도 없고 그들을 미워하기도 하사
광야에서 죽이려고 인도하여 내셨다 할
까 두려워하나이다
29 그들은 주의 큰 능력과 펴신 팔로 인도
하여 내신 주의 백성 곧 주의 기업이로소
이다 하였노라

모세가 십계명을 다시 받다(출 34:1-10)

10 그 때에 여호와께서 내게 이르시
기를 너는 처음과 같은 두 돌판을
다듬어 가지고 산에 올라 내게로 나아오
고 또 나무궤 하나를 만들라
2 네가 깨뜨린 처음 판에 쓴 말을 내가 그
판에 쓰리니 너는 그것을 그 궤에 넣으라
하시기로
3 내가 조각목으로 궤를 만들고 처음 것
과 같은 돌판 둘을 다듬어 손에 들고 산에

25
26
27
28
29
모세가 십계명을 다시 받다(출 34:1-10)
10
2
3

오르매

**4 여호와께서 그 총회 날에 산 위 불 가운
데에서 너희에게 이르신 십계명을 처음과
같이 그 판에 쓰시고 그것을 내게 주시기
로**

**5 내가 돌이켜 산에서 내려와서 여호와
께서 내게 명령하신 대로 그 판을 내가 만
든 궤에 넣었더니 지금까지 있느니라**

**6 (이스라엘 자손이 브에롯 브네야아간
에서 길을 떠나 모세라에 이르러 아론이
거기서 죽어 장사되었고 그의 아들 엘르
아살이 그를 이어 제사장의 직임을 행하
였으며**

**7 또 거기를 떠나 굿고다에 이르고 굿고
다를 떠나 욧바다에 이른즉 그 땅에는 시
내가 많았으며**

**8 그 때에 여호와께서 레위 지파를 구별
하여 여호와의 언약 궤를 메게 하며 여호
와 앞에 서서 그를 섬기며 또 여호와의 이
름으로 축복하게 하셨으니 그 일은 오늘
까지 이르느니라**

**9 그러므로 레위는 그의 형제 중에 분깃
이 없으며 기업이 없고 네 하나님 여호와
께서 그에게 말씀하심 같이 여호와가 그
의 기업이시니라)**

**10 내가 처음과 같이 사십 주 사십 야를 산
에 머물렀고 그 때에도 여호와께서 내 말
을 들으사 너를 참아 멸하지 아니하시고**

**11 여호와께서 내게 이르시되 일어나서
백성보다 먼저 길을 떠나라 내가 그들에**

게 주리라고 그들의 조상들에게 맹세한
땅에 그들이 들어가서 그것을 차지하리
라 하셨느니라

여호와께서 요구하시는 것

12 이스라엘아 네 하나님 여호와께서 네
게 요구하시는 것이 무엇이냐 곧 네 하나
님 여호와를 경외하여 그의 모든 도를 행
하고 그를 사랑하며 마음을 다하고 뜻을
다하여 네 하나님 여호와를 섬기고

13 내가 오늘 네 행복을 위하여 네게 명하
는 여호와의 명령과 규례를 지킬 것이 아
니냐

14 하늘과 모든 하늘의 하늘과 땅과 그 위
의 만물은 본래 네 하나님 여호와께 속한
것이로되

15 여호와께서 오직 네 조상들을 기뻐하
시고 그들을 사랑하사 그들의 후손인 너
희를 만민 중에서 택하셨음이 오늘과 같
으니라

16 그러므로 너희는 마음에 할례를 행하
고 다시는 목을 곧게 하지 말라

17 너희의 하나님 여호와는 신 가운데 신
이시며 주 가운데 주시요 크고 능하시며
두려우신 하나님이시라 사람을 외모로 보
지 아니하시며 뇌물을 받지 아니하시고

18 고아와 과부를 위하여 정의를 행하시
며 나그네를 사랑하여 그에게 떡과 옷을
주시나니

19 너희는 나그네를 사랑하라 전에 너희
도 애굽 땅에서 나그네 되었음이니라

여호와께서 요구하시는 것

12

13

14

15

16

17

18

19

20 **네 하나님 여호와를 경외하여 그를 섬**
기며 그에게 의지하고 그의 이름으로 맹세
하라

21 **그는 네 찬송이시요 네 하나님이시라**
네 눈으로 본 이같이 크고 두려운 일을 너
를 위하여 행하셨느니라

22 **애굽에 내려간 네 조상들이 겨우 칠십**
인이었으나 이제는 네 하나님 여호와께
서 너를 하늘의 별 같이 많게 하셨느니라

여호와께서 행하신 큰 일

11 **그런즉 네 하나님 여호와를 사랑하**
여 그가 주신 책무와 법도와 규례와
명령을 항상 지키라

2 **너희의 자녀는 알지도 못하고 보지도**
못하였으나 너희가 오늘날 기억할 것은
너희의 하나님 여호와의 교훈과 그의 위
엄과 그의 강한 손과 펴신 팔과

3 **애굽에서 그 왕 바로와 그 전국에 행하**
신 이적과 기사와

4 **또 여호와께서 애굽 군대와 그 말과 그**
병거에 행하신 일 곧 그들이 너희를 뒤쫓
을 때에 홍해 물로 그들을 덮어 멸하사 오
늘까지 이른 것과

5 **또 너희가 이 곳에 이르기까지 광야에**
서 너희에게 행하신 일과

6 **르우벤 자손 엘리압의 아들 다단과 아**
비람에게 하신 일 곧 땅이 입을 벌려서 그
들과 그들의 가족과 그들의 장막과 그들
을 따르는 온 이스라엘의 한가운데에서
모든 것을 삼키게 하신 일이라

20

21

22

여호와께서 행하신 큰 일

11

2

3

4

5

6

7 너희가 여호와께서 행하신 이 모든 큰
일을 너희의 눈으로 보았느니라

주리라고 맹세하신 땅

8 그러므로 너희는 내가 오늘 너희에게
명하는 모든 명령을 지키라 그리하면 너
희가 강성할 것이요 너희가 건너가 차지
할 땅에 들어가서 그것을 차지할 것이며
9 또 여호와께서 너희의 조상들에게 맹
세하여 그들과 그들의 후손에게 주리라
고 하신 땅 곧 젖과 꿀이 흐르는 땅에서
너희의 날이 장구하리라
10 네가 들어가 차지하려 하는 땅은 네가
나온 애굽 땅과 같지 아니하니 거기에서
는 너희가 파종한 후에 발로 물 대기를 채
소밭에 댐과 같이 하였거니와
11 너희가 건너가서 차지할 땅은 산과 골
짜기가 있어서 하늘에서 내리는 비를 흡
수하는 땅이요
12 네 하나님 여호와께서 돌보아 주시는
땅이라 연초부터 연말까지 네 하나님 여
호와의 눈이 항상 그 위에 있느니라
13 내가 오늘 너희에게 명하는 내 명령을
너희가 만일 청종하고 너희의 하나님 여호
와를 사랑하여 마음을 다하고 뜻을 다하여
섬기면
14 여호와께서 너희의 땅에 이른 비, 늦은
비를 적당한 때에 내리시리니 너희가 곡
식과 포도주와 기름을 얻을 것이요
15 또 가축을 위하여 들에 풀이 나게 하시
리니 네가 먹고 배부를 것이라

7
주리라고 맹세하신 땅
8
9
10
11
12
13
14
15

16 너희는 스스로 삼가라 두렵건대 마음
에 미혹하여 돌이켜 다른 신들을 섬기며
그것에게 절하므로

17 여호와께서 너희에게 진노하사 하늘
을 닫아 비를 내리지 아니하여 땅이 소산
을 내지 않게 하시므로 너희가 여호와께
서 주신 아름다운 땅에서 속히 멸망할까
하노라

18 이러므로 너희는 나의 이 말을 너희의
마음과 뜻에 두고 또 그것을 너희의 손목
에 매어 기호를 삼고 너희 미간에 붙여 표
를 삼으며

19 또 그것을 너희의 자녀에게 가르치며
집에 앉아 있을 때에든지, 길을 갈 때에든
지, 누워 있을 때에든지, 일어날 때에든지
이 말씀을 강론하고

20 또 네 집 문설주와 바깥 문에 기록하라

21 그리하면 여호와께서 너희 조상들에
게 주리라고 맹세하신 땅에서 너희의 날
과 너희의 자녀의 날이 많아서 하늘이 땅
을 덮는 날과 같으리라

22 너희가 만일 내가 너희에게 명하는 이
모든 명령을 잘 지켜 행하여 너희의 하나
님 여호와를 사랑하고 그의 모든 도를 행
하여 그에게 의지하면

23 여호와께서 그 모든 나라 백성을 너희
앞에서 다 쫓아내실 것이라 너희가 너희
보다 강대한 나라들을 차지할 것인즉

24 너희의 발바닥으로 밟는 곳은 다 너희
의 소유가 되리니 너희의 경계는 곧 광야

16

17

18

19

20

21

22

23

24

에서부터 레바논까지와 유브라데 강에서
부터 서해까지라

25 너희의 하나님 여호와께서 너희에게
말씀하신 대로 너희가 밟는 모든 땅 사람
들에게 너희를 두려워하고 무서워하게
하시리니 너희를 능히 당할 사람이 없으
리라

26 내가 오늘 복과 저주를 너희 앞에 두나니

27 너희가 만일 내가 오늘 너희에게 명하
는 너희의 하나님 여호와의 명령을 들으
면 복이 될 것이요

28 너희가 만일 내가 오늘 너희에게 명령
하는 도에서 돌이켜 떠나 너희의 하나님
여호와의 명령을 듣지 아니하고 본래 알
지 못하던 다른 신들을 따르면 저주를 받
으리라

29 네 하나님 여호와께서 네가 가서 차지
할 땅으로 너를 인도하여 들이실 때에 너
는 그리심 산에서 축복을 선포하고 에발
산에서 저주를 선포하라

30 이 두 산은 요단 강 저쪽 곧 해지는 쪽
으로 가는 길 뒤 길갈 맞은편 모레 상수리
나무 곁의 아라바에 거주하는 가나안 족
속의 땅에 있지 아니하냐

31 너희가 요단을 건너 너희의 하나님 여
호와께서 너희에게 주시는 땅에 들어가
서 그 땅을 차지하려 하나니 반드시 그것
을 차지하여 거기 거주할지라

32 내가 오늘 너희 앞에 베푸는 모든 규례
와 법도를 너희는 지켜 행할지니라

택하신 예배 처소

12 네 조상의 하나님 여호와께서 네게
주셔서 차지하게 하신 땅에서 너희
가 평생에 지켜 행할 규례와 법도는 이러
하니라

2 너희가 쫓아낼 민족들이 그들의 신들
을 섬기는 곳은 높은 산이든지 작은 산이
든지 푸른 나무 아래든지를 막론하고 그
모든 곳을 너희가 마땅히 파멸하며

3 그 제단을 헐며 주상을 깨뜨리며 아세
라 상을 불사르고 또 그 조각한 신상들을
찍어 그 이름을 그 곳에서 멸하라

4 너희의 하나님 여호와께는 너희가 그
처럼 행하지 말고

5 오직 너희의 하나님 여호와께서 자기
의 이름을 두시려고 너희 모든 지파 중에
서 택하신 곳인 그 계실 곳으로 찾아 나아
가서

6 너희의 번제와 너희의 제물과 너희의
십일조와 너희 손의 거제와 너희의 서원
제와 낙헌 예물과 너희 소와 양의 처음 난
것들을 너희는 그리로 가져다가 드리고

7 거기 곧 너희의 하나님 여호와 앞에서
먹고 너희의 하나님 여호와께서 너희의
손으로 수고한 일에 복 주심으로 말미암
아 너희와 너희의 가족이 즐거워할지니라

8 우리가 오늘 여기에서는 각기 소견대
로 하였거니와 너희가 거기에서는 그렇
게 하지 말지니라

9 너희가 너희 하나님 여호와께서 주시

택하신 예배 처소

12

2

3

4

5

6

7

8

9

는 안식과 기업에 아직은 이르지 못하였
거니와

10 너희가 요단을 건너 너희 하나님 여호
와께서 너희에게 기업으로 주시는 땅에
거주하게 될 때 또는 여호와께서 너희에
게 너희 주위의 모든 대적을 이기게 하시
고 너희에게 안식을 주사 너희를 평안히
거주하게 하실 때에

11 너희는 너희의 하나님 여호와께서 자
기 이름을 두시려고 택하실 그 곳으로 내
가 명령하는 것을 모두 가지고 갈지니 곧
너희의 번제와 너희의 희생과 너희의 십
일조와 너희 손의 거제와 너희가 여호와
께 서원하는 모든 아름다운 서원물을 가
져가고

12 너희와 너희의 자녀와 노비와 함께 너
희의 하나님 여호와 앞에서 즐거워할 것
이요 네 성중에 있는 레위인과도 그리할
지니 레위인은 너희 중에 분깃이나 기업
이 없음이니라

13 너는 삼가서 네게 보이는 아무 곳에서
나 번제를 드리지 말고

14 오직 너희의 한 지파 중에 여호와께서
택하실 그 곳에서 번제를 드리고 또 내가
네게 명령하는 모든 것을 거기서 행할지
니라

15 그러나 네 하나님 여호와께서 네게 주
신 복을 따라 각 성에서 네 마음에 원하는
대로 가축을 잡아 그 고기를 먹을 수 있나
니 곧 정한 자나 부정한 자를 막론하고 노
루나 사슴을 먹는 것 같이 먹으려니와

10

11

12

13

14

15

16 오직 그 피는 먹지 말고 물 같이 땅에
쏟을 것이며

17 너는 곡식과 포도주와 기름의 십일조
와 네 소와 양의 처음 난 것과 네 서원을
갚는 예물과 네 낙헌 예물과 네 손의 거제
물은 네 각 성에서 먹지 말고

18 오직 네 하나님 여호와께서 택하실 곳
에서 네 하나님 여호와 앞에서 너는 네 자
녀와 노비와 성중에 거주하는 레위인과
함께 그것을 먹고 또 네 손으로 수고한 모
든 일로 말미암아 네 하나님 여호와 앞에
서 즐거워하되

19 너는 삼가 네 땅에 거주하는 동안에 레
위인을 저버리지 말지니라

20 네 하나님 여호와께서 네게 허락하신
대로 네 지경을 넓히신 후에 네 마음에 고
기를 먹고자 하여 이르기를 내가 고기를
먹으리라 하면 네가 언제나 마음에 원하
는 만큼 고기를 먹을 수 있으리니

21 만일 네 하나님 여호와께서 자기 이름
을 두시려고 택하신 곳이 네게서 멀거든
내가 네게 명령한 대로 너는 여호와께서
주신 소와 양을 잡아 네 각 성에서 네가
마음에 원하는 모든 것을 먹되

22 정한 자나 부정한 자를 막론하고 노루
나 사슴을 먹는 것 같이 먹을 수 있거니와

23 다만 크게 삼가서 그 피는 먹지 말라
피는 그 생명인즉 네가 그 생명을 고기와
함께 먹지 못하리니

16

17

18

19

20

21

22

23

24 너는 그것을 먹지 말고 물 같이 땅에 쏟으라

25 너는 피를 먹지 말라 네가 이같이 여호와께서 의롭게 여기시는 일을 행하면 너와 네 후손이 복을 누리리라

26 오직 네 성물과 서원물을 여호와께서 택하신 곳으로 가지고 가라

27 네가 번제를 드릴 때에는 그 고기와 피를 네 하나님 여호와의 제단에 드릴 것이요 네 제물의 피는 네 하나님 여호와의 제단 위에 붓고 그 고기는 먹을지니라

28 내가 네게 명령하는 이 모든 말을 너는 듣고 지키라 네 하나님 여호와의 목전에 선과 의를 행하면 너와 네 후손에게 영구히 복이 있으리라

다른 신들을 섬기지 말라

29 네 하나님 여호와께서 네가 들어가서 쫓아낼 그 민족들을 네 앞에서 멸절하시고 네가 그 땅을 차지하여 거기에 거주하게 하실 때에

30 너는 스스로 삼가 네 앞에서 멸망한 그들의 자취를 밟아 올무에 걸리지 말라 또 그들의 신을 탐구하여 이르기를 이 민족들은 그 신들을 어떻게 섬겼는고 나도 그와 같이 하겠다 하지 말라

31 네 하나님 여호와께는 네가 그와 같이 행하지 못할 것이라 그들은 여호와께서 꺼리시며 가증히 여기시는 일을 그들의 신들에게 행하여 심지어 자기들의 자녀를 불살라 그들의 신들에게 드렸느니라

24

25

26

27

28

다른 신들을 섬기지 말라

29

30

31

32 내가 너희에게 명령하는 이 모든 말을
너희는 지켜 행하고 그것에 가감하지 말
지니라

13 너희 중에 선지자나 꿈 꾸는 자가
일어나서 이적과 기사를 네게 보이
고

2 그가 네게 말한 그 이적과 기사가 이루
어지고 너희가 알지 못하던 다른 신들을
우리가 따라 섬기자고 말할지라도

3 너는 그 선지자나 꿈 꾸는 자의 말을
청종하지 말라 이는 너희의 하나님 여호
와께서 너희가 마음을 다하고 뜻을 다하
여 너희의 하나님 여호와를 사랑하는 여
부를 알려 하사 너희를 시험하심이니라

4 너희는 너희의 하나님 여호와를 따르
며 그를 경외하며 그의 명령을 지키며 그
의 목소리를 청종하며 그를 섬기며 그를
의지하며

5 그런 선지자나 꿈 꾸는 자는 죽이라 이
는 그가 너희에게 너희를 애굽 땅에서 인
도하여 내시며 종 되었던 집에서 속량하
신 너희의 하나님 여호와를 배반하게 하
려 하며 너희의 하나님 여호와께서 네게
행하라 명령하신 도에서 너를 꾀어내려
고 말하였음이라 너는 이같이 하여 너희
중에서 악을 제할지니라

6 네 어머니의 아들 곧 네 형제나 네 자
녀나 네 품의 아내나 너와 생명을 함께 하
는 친구가 가만히 너를 꾀어 이르기를 너
와 네 조상들이 알지 못하던 다른 신들

32

13

2

3

4

5

6

7 곧 네 사방을 둘러싸고 있는 민족 혹
네게서 가깝든지 네게서 멀든지 땅 이 끝
에서 저 끝까지에 있는 민족의 신들을 우
리가 가서 섬기자 할지라도

8 너는 그를 따르지 말며 듣지 말며 긍휼
히 여기지 말며 애석히 여기지 말며 덮어
숨기지 말고

9 너는 용서 없이 그를 죽이되 죽일 때에
네가 먼저 그에게 손을 대고 후에 뭇 백성
이 손을 대라

10 그는 애굽 땅 종 되었던 집에서 너를
인도하여 내신 네 하나님 여호와에게서
너를 꾀어 떠나게 하려 한 자이니 너는 돌
로 쳐죽이라

11 그리하면 온 이스라엘이 듣고 두려워
하여 이같은 악을 다시는 너희 중에서 행
하지 못하리라

12 네 하나님 여호와께서 네게 주어 거주
하게 하시는 한 성읍에 대하여 네게 소문
이 들리기를

13 너희 가운데서 어떤 불량배가 일어나
서 그 성읍 주민을 유혹하여 이르기를 너
희가 알지 못하던 다른 신들을 우리가 가
서 섬기자 한다 하거든

14 너는 자세히 묻고 살펴 보아서 이런 가
증한 일이 너희 가운데에 있다는 것이 확
실한 사실로 드러나면

15 너는 마땅히 그 성읍 주민을 칼날로 죽
이고 그 성읍과 그 가운데에 거주하는 모

7

8

9

10

11

12

13

14

15

든 것과 그 가축을 칼날로 진멸하고

16 또 그 속에서 빼앗아 차지한 물건을 다
거리에 모아 놓고 그 성읍과 그 탈취물 전
부를 불살라 네 하나님 여호와께 드릴지
니 그 성읍은 영구히 폐허가 되어 다시는
건축되지 아니할 것이라

17 너는 이 진멸할 물건을 조금도 네 손에
대지 말라 그리하면 여호와께서 그의 진
노를 그치시고 너를 긍휼히 여기시고 자
비를 더하사 네 조상들에게 맹세하심 같
이 너를 번성하게 하실 것이라

18 네가 만일 네 하나님 여호와의 말씀을
듣고 오늘 내가 네게 명하는 그 모든 명령
을 지켜 네 하나님 여호와의 목전에서 정
직하게 행하면 이같이 되리라

금지된 애도법

14 너희는 너희 하나님 여호와의 자녀이
니 죽은 자를 위하여 자기 몸을 베지
말며 눈썹 사이 이마 위의 털을 밀지 말라

2 너는 네 하나님 여호와의 성민이라 여
호와께서 지상 만민 중에서 너를 택하여
자기 기업의 백성으로 삼으셨느니라

정한 짐승과 부정한 짐승(레 11:1-47)

3 너는 가증한 것은 무엇이든지 먹지 말라

4 너희가 먹을 만한 짐승은 이러하니 곧
소와 양과 염소와

5 사슴과 노루와 불그스름한 사슴과 산
염소와 볼기가 흰 노루와 뿔이 긴 사슴과
산양들이라

16

17

18

금지된 애도법

14

2

정한 짐승과 부정한 짐승(레 11:1-47)

3

4

5

6 짐승 중에 굽이 갈라져 쪽발도 되고 새
김질도 하는 모든 것은 너희가 먹을 것이
니라

7 다만 새김질을 하거나 굽이 갈라진 짐
승 중에도 너희가 먹지 못할 것은 이것이
니 곧 낙타와 토끼와 사반, 그것들은 새김
질은 하나 굽이 갈라지지 아니하였으니
너희에게 부정하고

8 돼지는 굽은 갈라졌으나 새김질을 못
하므로 너희에게 부정하니 너희는 이런
것의 고기를 먹지 말 것이며 그 사체도 만
지지 말 것이니라

9 물에 있는 모든 것 중에서 이런 것은
너희가 먹을 것이니 지느러미와 비늘 있
는 모든 것은 너희가 먹을 것이요

10 지느러미와 비늘이 없는 모든 것은 너
희가 먹지 말지니 이는 너희에게 부정함
이니라

11 정한 새는 모두 너희가 먹으려니와

12 이런 것은 먹지 못할지니 곧 독수리와
솔개와 물수리와

13 매와 새매와 매의 종류와

14 까마귀 종류와

15 타조와 타흐마스와 갈매기와 새매 종
류와

16 올빼미와 부엉이와 흰 올빼미와

17 당아와 올응과 노자와

18 학과 황새 종류와 대승과 박쥐며

19 또 날기도 하고 기어다니기도 하는 것

6

7

8

9

10

11

12

13

14

15

16

17

18

19

은 너희에게 부정하니 너희는 먹지 말 것
이나
20 정한 새는 모두 너희가 먹을지니라
21 너희는 너희의 하나님 여호와의 성민이
라 스스로 죽은 모든 것은 먹지 말 것이나 그
것을 성중에 거류하는 객에게 주어 먹게 하
거나 이방인에게 파는 것은 가하니라 너는
염소 새끼를 그 어미의 젖에 삶지 말지니라

십일조 규례

22 너는 마땅히 매 년 토지 소산의 십일조
를 드릴 것이며
23 네 하나님 여호와 앞 곧 여호와께서 그
의 이름을 두시려고 택하신 곳에서 네 곡
식과 포도주와 기름의 십일조를 먹으며 또
네 소와 양의 처음 난 것을 먹고 네 하나님
여호와 경외하기를 항상 배울 것이니라
24 그러나 네 하나님 여호와께서 자기의
이름을 두시려고 택하신 곳이 네게서 너
무 멀고 행로가 어려워서 네 하나님 여호
와께서 그 풍부히 주신 것을 가지고 갈 수
없거든
25 그것을 돈으로 바꾸어 그 돈을 싸 가지고
네 하나님 여호와께서 택하신 곳으로 가서
26 네 마음에 원하는 모든 것을 그 돈으로
사되 소나 양이나 포도주나 독주 등 네 마
음에 원하는 모든 것을 구하고 거기 네 하
나님 여호와 앞에서 너와 네 권속이 함께
먹고 즐거워할 것이며
27 네 성읍에 거주하는 레위인은 너희 중

에 분깃이나 기업이 없는 자이니 또한 저
버리지 말지니라
28 매 삼 년 끝에 그 해 소산의 십분의 일
을 다 내어 네 성읍에 저축하여
29 너희 중에 분깃이나 기업이 없는 레위
인과 네 성중에 거류하는 객과 및 고아와
과부들이 와서 먹고 배부르게 하라 그리
하면 네 하나님 여호와께서 네 손으로 하
는 범사에 네게 복을 주시리라

빚을 면제해 주는 해(레 25:1-7)

15 매 칠 년 끝에는 면제하라
2 면제의 규례는 이러하니라 그의
이웃에게 꾸어준 모든 채주는 그것을 면
제하고 그의 이웃에게나 그 형제에게 독
촉하지 말지니 이는 여호와를 위하여 면
제를 선포하였음이라
3 이방인에게는 네가 독촉하려니와 네
형제에게 꾸어준 것은 네 손에서 면제하
라
4-5 네가 만일 네 하나님 여호와의 말씀만
듣고 내가 오늘 네게 내리는 그 명령을 다
지켜 행하면 네 하나님 여호와께서 네게
기업으로 주신 땅에서 네가 반드시 복을
받으리니 너희 중에 가난한 자가 없으리라
6 네 하나님 여호와께서 네게 허락하신
대로 네게 복을 주시리니 네가 여러 나라
에 꾸어 줄지라도 너는 꾸지 아니하겠고
네가 여러 나라를 통치할지라도 너는 통
치를 당하지 아니하리라
7 네 하나님 여호와께서 네게 주신 땅 어

28

29

빚을 면제해 주는 해(레 25:1-7)

15 2

3

4-5

6

7

느 성읍에서든지 가난한 형제가 너와 함
께 거주하거든 그 가난한 형제에게 네 마
음을 완악하게 하지 말며 네 손을 움켜 쥐
지 말고

8 반드시 네 손을 그에게 펴서 그에게 필요
한 대로 쓸 것을 넉넉히 꾸어주라

9 삼가 너는 마음에 악한 생각을 품지 말라
곧 이르기를 일곱째 해 면제년이 가까이 왔
다 하고 네 궁핍한 형제를 악한 눈으로 바라
보며 아무것도 주지 아니하면 그가 너를 여
호와께 호소하리니 그것이 네게 죄가 되리
라

10 너는 반드시 그에게 줄 것이요, 줄 때
에는 아끼는 마음을 품지 말 것이니라 이
로 말미암아 네 하나님 여호와께서 네가
하는 모든 일과 네 손이 닿는 모든 일에
네게 복을 주시리라

11 땅에는 언제든지 가난한 자가 그치지
아니하겠으므로 내가 네게 명령하여 이
르노니 너는 반드시 네 땅 안에 네 형제
중 곤란한 자와 궁핍한 자에게 네 손을 펼
지니라

종을 대우하는 법(출 21:1-11)

12 네 동족 히브리 남자나 히브리 여자가
네게 팔렸다 하자 만일 여섯 해 동안 너를
섬겼거든 일곱째 해에 너는 그를 놓아 자
유롭게 할 것이요

13 그를 놓아 자유하게 할 때에는 빈 손으
로 가게 하지 말고

14 네 양 무리 중에서와 타작 마당에서와

8

9

10

11

종을 대우하는 법(출 21:1-11)

12

13

14

포도주 틀에서 그에게 후히 줄지니 곧 네
하나님 여호와께서 네게 복을 주신 대로
그에게 줄지니라

15 너는 애굽 땅에서 종 되었던 것과 네
하나님 여호와께서 너를 속량하셨음을
기억하라 그것으로 말미암아 내가 오늘
이같이 네게 명령하노라

16 종이 만일 너와 네 집을 사랑하므로 너
와 동거하기를 좋게 여겨 네게 향하여 내
가 주인을 떠나지 아니하겠노라 하거든

17 송곳을 가져다가 그의 귀를 문에 대고
뚫으라 그리하면 그가 영구히 네 종이 되
리라 네 여종에게도 그같이 할지니라

18 그가 여섯 해 동안에 품꾼의 삯의 배나
받을 만큼 너를 섬겼은즉 너는 그를 놓아
자유하게 하기를 어렵게 여기지 말라 그
리하면 네 하나님 여호와께서 네 범사에
네게 복을 주시리라

처음 난 소와 양의 새끼

19 네 소와 양의 처음 난 수컷은 구별하여
네 하나님 여호와께 드릴 것이니 네 소의
첫 새끼는 부리지 말고 네 양의 첫 새끼의
털은 깎지 말고

20 너와 네 가족은 매년 여호와께서 택하
신 곳 네 하나님 여호와 앞에서 먹을지니
라

21 그러나 그 짐승이 흠이 있어서 절거나
눈이 멀었거나 무슨 흠이 있으면 네 하나
님 여호와께 잡아 드리지 못할지니

22 네 성중에서 먹되 부정한 자나 정한 자

15

16

17

18

처음 난 소와 양의 새끼

19

20

21

22

가 다 같이 먹기를 노루와 사슴을 먹음 같
이 할 것이요

23 오직 피는 먹지 말고 물 같이 땅에 쏟
을지니라

유월절(출 12:1-20)

16 아빕월을 지켜 네 하나님 여호와께
유월절을 행하라 이는 아빕월에 네
하나님 여호와께서 밤에 너를 애굽에서
인도하여 내셨음이라

2 여호와께서 자기의 이름을 두시려고
택하신 곳에서 소와 양으로 네 하나님 여
호와께 유월절 제사를 드리되

3 유교병을 그것과 함께 먹지 말고 이레
동안은 무교병 곧 고난의 떡을 그것과 함께
먹으라 이는 네가 애굽 땅에서 급히 나왔음
이니 이같이 행하여 네 평생에 항상 네가
애굽 땅에서 나온 날을 기억할 것이니라

4 그 이레 동안에는 네 모든 지경 가운데
에 누룩이 보이지 않게 할 것이요 또 네가
첫날 해 질 때에 제사 드린 고기를 밤을
지내 아침까지 두지 말 것이며

5 유월절 제사를 네 하나님 여호와께서
네게 주신 각 성에서 드리지 말고

6 오직 네 하나님 여호와께서 자기의 이
름을 두시려고 택하신 곳에서 네가 애굽
에서 나오던 시각 곧 초저녁 해 질 때에
유월절 제물을 드리고

7 네 하나님 여호와께서 택하신 곳에서
그 고기를 구워 먹고 아침에 네 장막으로

23
유월절(출 12:1-20)
16
2
3
4
5
6
7

돌아갈 것이니라

8 **너는 엿새 동안은 무교병을 먹고 일곱**
째 날에 네 하나님 여호와 앞에 성회로 모
이고 일하지 말지니라

칠칠절(출 34:22; 레 23:15-21)

9 **일곱 주를 셀지니 곡식에 낫을 대는 첫**
날부터 일곱 주를 세어

10 **네 하나님 여호와 앞에 칠칠절을 지키**
되 네 하나님 여호와께서 네게 복을 주신
대로 네 힘을 헤아려 자원하는 예물을 드
리고

11 **너와 네 자녀와 노비와 네 성중에 있는**
레위인과 및 너희 중에 있는 객과 고아와
과부가 함께 네 하나님 여호와께서 자기
의 이름을 두시려고 택하신 곳에서 네 하
나님 여호와 앞에서 즐거워할지니라

12 **너는 애굽에서 종 되었던 것을 기억하**
고 이 규례를 지켜 행할지니라

초막절(레 23:33-43)

13 **너희 타작 마당과 포도주 틀의 소출을**
거두어 들인 후에 이레 동안 초막절을 지
킬 것이요

14 **절기를 지킬 때에는 너와 네 자녀와 노**
비와 네 성중에 거주하는 레위인과 객과
고아와 과부가 함께 즐거워하되

15 **네 하나님 여호와께서 택하신 곳에서**
너는 이레 동안 네 하나님 여호와 앞에서
절기를 지키고 네 하나님 여호와께서 네
모든 소출과 네 손으로 행한 모든 일에 복
주실 것이니 너는 온전히 즐거워할지니라

8

칠칠절(출 34:22; 레 23:15-21)

9

10

11

12

초막절(레 23:33-43)

13

14

15

16 너의 가운데 모든 남자는 일 년에 세
번 곧 무교절과 칠칠절과 초막절에 네 하
나님 여호와께서 택하신 곳에서 여호와
를 뵈옵되 빈손으로 여호와를 뵈옵지 말
고

17 각 사람이 네 하나님 여호와께서 주신
복을 따라 그 힘대로 드릴지니라

공의로 재판하라

18 네 하나님 여호와께서 네게 주시는 각
성에서 네 지파를 따라 재판장들과 지도
자들을 둘 것이요 그들은 공의로 백성을
재판할 것이니라

19 너는 재판을 굽게 하지 말며 사람을 외
모로 보지 말며 또 뇌물을 받지 말라 뇌물
은 지혜자의 눈을 어둡게 하고 의인의 말
을 굽게 하느니라

20 너는 마땅히 공의만을 따르라 그리하
면 네가 살겠고 네 하나님 여호와께서 네
게 주시는 땅을 차지하리라

21 네 하나님 여호와를 위하여 쌓은 제단
곁에 어떤 나무로든지 아세라 상을 세우
지 말며

22 자기를 위하여 주상을 세우지 말라 네
하나님 여호와께서 미워하시느니라

17 흠이나 악질이 있는 소와 양은 아
무것도 네 하나님 여호와께 드리지
말지니 이는 네 하나님 여호와께 가증한
것이 됨이니라

2 네 하나님 여호와께서 네게 주시는 어
느 성중에서든지 너희 가운데에 어떤 남

16

17

공의로 재판하라

18

19

20

21

22

17

2

자나 여자가 네 하나님 여호와의 목전에
악을 행하여 그 언약을 어기고

3 가서 다른 신들을 섬겨 그것에게 절하
며 내가 명령하지 아니한 일월성신에게
절한다 하자

4 그것이 네게 알려지므로 네가 듣거든
자세히 조사해 볼지니 만일 그 일과 말이
확실하여 이스라엘 중에 이런 가증한 일
을 행함이 있으면

5 너는 그 악을 행한 남자나 여자를 네
성문으로 끌어내고 그 남자나 여자를 돌
로 쳐죽이되

6 죽일 자를 두 사람이나 세 사람의 증언
으로 죽일 것이요 한 사람의 증언으로는
죽이지 말 것이며

7 이런 자를 죽이기 위하여는 증인이 먼
저 그에게 손을 댄 후에 뭇 백성이 손을
댈지니라 너는 이와 같이 하여 너희 중에
서 악을 제할지니라

8 네 성중에서 서로 피를 흘렸거나 다투
었거나 구타하였거나 서로 간에 고소하
여 네가 판결하기 어려운 일이 생기거든
너는 일어나 네 하나님 여호와께서 택하
실 곳으로 올라가서

9 레위 사람 제사장과 당시 재판장에게
나아가서 물으라 그리하면 그들이 어떻
게 판결할지를 네게 가르치리니

10 여호와께서 택하신 곳에서 그들이 네
게 보이는 판결의 뜻대로 네가 행하되 그

3

4

5

6

7

8

9

10

들이 네게 가르치는 대로 삼가 행할 것이
니
11 곧 그들이 네게 가르치는 율법의 뜻대
로, 그들이 네게 말하는 판결대로 행할 것
이요 그들이 네게 보이는 판결을 어겨 좌
로나 우로나 치우치지 말 것이니라
12 사람이 만일 무법하게 행하고 네 하나
님 여호와 앞에 서서 섬기는 제사장이나
재판장에게 듣지 아니하거든 그 사람을 죽
여 이스라엘 중에서 악을 제하여 버리라
13 그리하면 온 백성이 듣고 두려워하여
다시는 무법하게 행하지 아니하리라

이스라엘의 왕

14 네가 네 하나님 여호와께서 네게 주시
는 땅에 이르러 그 땅을 차지하고 거주할
때에 만일 우리도 우리 주위의 모든 민족
들 같이 우리 위에 왕을 세워야겠다는 생
각이 나거든
15 반드시 네 하나님 여호와께서 택하신
자를 네 위에 왕으로 세울 것이며 네 위에
왕을 세우려면 네 형제 중에서 한 사람을
할 것이요 네 형제 아닌 타국인을 네 위에
세우지 말 것이며
16 그는 병마를 많이 두지 말 것이요 병마
를 많이 얻으려고 그 백성을 애굽으로 돌
아가게 하지 말 것이니 이는 여호와께서
너희에게 이르시기를 너희가 이 후에는
그 길로 다시 돌아가지 말 것이라 하셨음
이며
17 그에게 아내를 많이 두어 그의 마음이

11

12

13

이스라엘의 왕

14

15

16

17

미혹되게 하지 말 것이며 자기를 위하여
은금을 많이 쌓지 말 것이니라

18 그가 왕위에 오르거든 이 율법서의 등
사본을 레위 사람 제사장 앞에서 책에 기
록하여

19 평생에 자기 옆에 두고 읽어 그의 하나
님 여호와 경외하기를 배우며 이 율법의
모든 말과 이 규례를 지켜 행할 것이라

20 그리하면 그의 마음이 그의 형제 위에
교만하지 아니하고 이 명령에서 떠나 좌
로나 우로나 치우치지 아니하리니 이스
라엘 중에서 그와 그의 자손이 왕위에 있
는 날이 장구하리라

제사장과 레위 사람의 몫

18 레위 사람 제사장과 레위의 온 지
파는 이스라엘 중에 분깃도 없고
기업도 없을지니 그들은 여호와의 화제
물과 그 기업을 먹을 것이라

2 그들이 그들의 형제 중에서 기업을 가
지지 않을 것은 여호와께서 그들의 기업
이 되심이니 그들에게 말씀하심 같으니
라

3 제사장이 백성에게서 받을 몫은 이러
하니 곧 그 드리는 제물의 소나 양이나 그
앞다리와 두 볼과 위라 이것을 제사장에
게 줄 것이요

4 또 네가 처음 거둔 곡식과 포도주와 기
름과 네가 처음 깎은 양털을 네가 그에게
줄 것이니

5 이는 네 하나님 여호와께서 네 모든 지

18

19

20

제사장과 레위 사람의 몫

18

2

3

4

5

파 중에서 그를 택하여 내시고 그와 그의
자손에게 항상 여호와의 이름으로 서서
섬기게 하셨음이니라

6 이스라엘 온 땅 어떤 성읍에든지 거주
하는 레위인이 간절한 소원이 있어 그가
사는 곳을 떠날지라도 여호와께서 택하
신 곳에 이르면

7 여호와 앞에 선 그의 모든 형제 레위인
과 같이 그의 하나님 여호와의 이름으로
섬길 수 있나니

8 그 사람의 몫은 그들과 같을 것이요 그
가 조상의 것을 판 것은 별도의 소유이니라

다른 민족들의 가증한 행위

9 네 하나님 여호와께서 네게 주시는 땅
에 들어가거든 너는 그 민족들의 가증한
행위를 본받지 말 것이니

10 그의 아들이나 딸을 불 가운데로 지나
게 하는 자나 점쟁이나 길흉을 말하는 자
나 요술하는 자나 무당이나

11 진언자나 신접자나 박수나 초혼자를
너희 가운데에 용납하지 말라

12 이런 일을 행하는 모든 자를 여호와께
서 가증히 여기시나니 이런 가증한 일로
말미암아 네 하나님 여호와께서 그들을
네 앞에서 쫓아내시느니라

13 너는 네 하나님 여호와 앞에서 완전하
라

14 네가 쫓아낼 이 민족들은 길흉을 말하
는 자나 점쟁이의 말을 듣거니와 네게는
네 하나님 여호와께서 이런 일을 용납하

6

7

8

다른 민족들의 가증한 행위

9

10

11

12

13

14

지 아니하시느니라

선지자를 일으키실 약속

15 네 하나님 여호와께서 너희 가운데 네
형제 중에서 너를 위하여 나와 같은 선지
자 하나를 일으키시리니 너희는 그의 말
을 들을지니라

16 이것이 곧 네가 총회의 날에 호렙 산에
서 네 하나님 여호와께 구한 것이라 곧 네
가 말하기를 내가 다시는 내 하나님 여호
와의 음성을 듣지 않게 하시고 다시는 이
큰 불을 보지 않게 하소서 두렵건대 내가
죽을까 하나이다 하매

17 여호와께서 내게 이르시되 그들의 말
이 옳도다

18 내가 그들의 형제 중에서 너와 같은 선
지자 하나를 그들을 위하여 일으키고 내
말을 그 입에 두리니 내가 그에게 명령하
는 것을 그가 무리에게 다 말하리라

19 누구든지 내 이름으로 전하는 내 말을
듣지 아니하는 자는 내게 벌을 받을 것이
요

20 만일 어떤 선지자가 내가 전하라고 명
령하지 아니한 말을 제 마음대로 내 이름
으로 전하든지 다른 신들의 이름으로 말
하면 그 선지자는 죽임을 당하리라 하셨
느니라

21 네가 마음속으로 이르기를 그 말이 여
호와께서 이르신 말씀인지 우리가 어떻
게 알리요 하리라

22 만일 선지자가 있어 여호와의 이름으

선지자를 일으키실 약속

15

16

17

18

19

20

21

22

로 말한 일에 증험도 없고 성취함도 없으
면 이는 여호와께서 말씀하신 것이 아니
요 그 선지자가 제 마음대로 한 말이니 너
는 그를 두려워하지 말지니라

도피성(민 35:9-28; 수 20:1-9)

도피성(민 35:9-28; 수 20:1-9)

19 네 하나님 여호와께서 이 여러 민
족을 멸절하시고 네 하나님 여호와
께서 그 땅을 네게 주시므로 네가 그것을
받고 그들의 성읍과 가옥에 거주할 때에

19

2 네 하나님 여호와께서 네게 기업으로
주신 땅 가운데에서 세 성읍을 너를 위하
여 구별하고

2

3 네 하나님 여호와께서 네게 기업으로
주시는 땅 전체를 세 구역으로 나누어 길
을 닦고 모든 살인자를 그 성읍으로 도피
하게 하라

3

4 살인자가 그리로 도피하여 살 만한 경
우는 이러하니 곧 누구든지 본래 원한이
없이 부지중에 그의 이웃을 죽인 일,

4

5 가령 사람이 그 이웃과 함께 벌목하러
삼림에 들어가서 손에 도끼를 들고 벌목
하려고 찍을 때에 도끼가 자루에서 빠져
그의 이웃을 맞춰 그를 죽게 함과 같은 것
이라 이런 사람은 그 성읍 중 하나로 도피
하여 생명을 보존할 것이니라

5

6 그 사람이 그에게 본래 원한이 없으니
죽이기에 합당하지 아니하나 두렵건대
그 피를 보복하는 자의 마음이 복수심에
불타서 살인자를 뒤쫓는데 그 가는 길이

6

멀면 그를 따라 잡아 죽일까 하노라

7 **그러므로 내가 네게 명령하기를 세 성**
읍을 너를 위하여 구별하라 하노라

8 **네 하나님 여호와께서 네 조상들에게**
맹세하신 대로 네 지경을 넓혀 네 조상들
에게 주리라고 말씀하신 땅을 다 네게 주
실 때

9 **또 너희가 오늘 내가 너희에게 명하는**
이 모든 명령을 지켜 행하여 네 하나님 여
호와를 사랑하고 항상 그의 길로 행할 때
에는 이 셋 외에 세 성읍을 더하여

10 **네 하나님 여호와께서 네게 기업으로**
주시는 땅에서 무죄한 피를 흘리지 말라
이같이 하면 그의 피가 네게로 돌아가지
아니하리라

11 **그러나 만일 어떤 사람이 그의 이웃을**
미워하여 엎드려 그를 기다리다가 일어
나 상처를 입혀 죽게 하고 이 한 성읍으로
도피하면

12 **그 본 성읍 장로들이 사람을 보내어 그**
를 거기서 잡아다가 보복자의 손에 넘겨
죽이게 할 것이라

13 **네 눈이 그를 긍휼히 여기지 말고 무죄**
한 피를 흘린 죄를 이스라엘에서 제하라
그리하면 네게 복이 있으리라

이웃의 경계표를 옮기지 말라

14 **네 하나님 여호와께서 네게 주어 차지**
하게 하시는 땅 곧 네 소유가 된 기업의
땅에서 조상이 정한 네 이웃의 경계표를

7

8

9

10

11

12

13

이웃의 경계표를 옮기지 말라

14

옮기지 말지니라

두세 증인의 입으로 하라

15 사람의 모든 악에 관하여 또한 모든 죄
에 관하여는 한 증인으로만 정할 것이 아
니요 두 증인의 입으로나 또는 세 증인의
입으로 그 사건을 확정할 것이며

16 만일 위증하는 자가 있어 어떤 사람이
악을 행하였다고 말하면

17 그 논쟁하는 쌍방이 같이 하나님 앞에
나아가 그 당시의 제사장과 재판장 앞에
설 것이요

18 재판장은 자세히 조사하여 그 증인이
거짓 증거하여 그 형제를 거짓으로 모함
한 것이 판명되면

19 그가 그의 형제에게 행하려고 꾀한 그
대로 그에게 행하여 너희 중에서 악을 제
하라

20 그리하면 그 남은 자들이 듣고 두려워
하여 다시는 그런 악을 너희 중에서 행하
지 아니하리라

21 네 눈이 긍휼히 여기지 말라 생명에는
생명으로, 눈에는 눈으로, 이에는 이로,
손에는 손으로, 발에는 발로이니라

적군과 싸우려 할 때에

20 네가 나가서 적군과 싸우려 할 때
에 말과 병거와 백성이 너보다 많
음을 볼지라도 그들을 두려워하지 말라
애굽 땅에서 너를 인도하여 내신 네 하나
님 여호와께서 너와 함께 하시느니라

두세 증인의 입으로 하라
15
16
17
18
19
20
21
적군과 싸우려 할 때에
20

2 너희가 싸울 곳에 가까이 가면 제사장
은 백성에게 나아가서 고하여 그들에게

3 말하여 이르기를 이스라엘아 들으라
너희가 오늘 너희의 대적과 싸우려고 나
아왔으니 마음에 겁내지 말며 두려워하
지 말며 떨지 말며 그들로 말미암아 놀라
지 말라

4 너희 하나님 여호와는 너희와 함께 행
하시며 너희를 위하여 너희 적군과 싸우
시고 구원하실 것이라 할 것이며

5 책임자들은 백성에게 말하여 이르기
를 새 집을 건축하고 낙성식을 행하지 못
한 자가 있느냐 그는 집으로 돌아갈지니
전사하면 타인이 낙성식을 행할까 하노
라

6 포도원을 만들고 그 과실을 먹지 못한
자가 있느냐 그는 집으로 돌아갈지니 전
사하면 타인이 그 과실을 먹을까 하노라

7 여자와 약혼하고 그와 결혼하지 못한
자가 있느냐 그는 집으로 돌아갈지니 전사
하면 타인이 그를 데려갈까 하노라 하고

8 책임자들은 또 백성에게 말하여 이르
기를 두려워서 마음이 허약한 자가 있느
냐 그는 집으로 돌아갈지니 그의 형제들
의 마음도 그의 마음과 같이 낙심될까 하
노라 하고

9 백성에게 이르기를 마친 후에 군대의
지휘관들을 세워 무리를 거느리게 할지
니라

10 네가 어떤 성읍으로 나아가서 치려 할

2

3

4

5

6

7

8

9

10

때에는 그 성읍에 먼저 화평을 선언하라

11 그 성읍이 만일 화평하기로 회답하고
너를 향하여 성문을 열거든 그 모든 주민
들에게 네게 조공을 바치고 너를 섬기게
할 것이요

12 만일 너와 화평하기를 거부하고 너를
대적하여 싸우려 하거든 너는 그 성읍을
에워쌀 것이며

13 네 하나님 여호와께서 그 성읍을 네 손
에 넘기시거든 너는 칼날로 그 안의 남자
를 다 쳐죽이고

14 너는 오직 여자들과 유아들과 가축들
과 성읍 가운데에 있는 모든 것을 너를 위
하여 탈취물로 삼을 것이며 너는 네 하나
님 여호와께서 네게 주신 적군에게서 빼
앗은 것을 먹을지니라

15 네가 네게서 멀리 떠난 성읍들 곧 이
민족들에게 속하지 아니한 성읍들에게는
이같이 행하려니와

16 오직 네 하나님 여호와께서 네게 기업
으로 주시는 이 민족들의 성읍에서는 호
흡 있는 자를 하나도 살리지 말지니

17 곧 헷 족속과 아모리 족속과 가나안 족
속과 브리스 족속과 히위 족속과 여부스
족속을 네가 진멸하되 네 하나님 여호와
께서 네게 명령하신 대로 하라

18 이는 그들이 그 신들에게 행하는 모든
가증한 일을 너희에게 가르쳐 본받게 하
여 너희가 너희의 하나님 여호와께 범죄

11

12

13

14

15

16

17

18

하게 할까 함이니라

19 너희가 어떤 성읍을 오랫동안 에워싸
고 그 성읍을 쳐서 점령하려 할 때에도 도
끼를 둘러 그 곳의 나무를 찍어내지 말라
이는 너희가 먹을 것이 될 것임이니 찍지
말라 들의 수목이 사람이냐 너희가 어찌
그것을 에워싸겠느냐

20 다만 과목이 아닌 수목은 찍어내어 너
희와 싸우는 그 성읍을 치는 기구를 만들
어 그 성읍을 함락시킬 때까지 쓸지니라

죽인 자를 알지 못하거든

21 네 하나님 여호와께서 네게 주어 차
지하게 하신 땅에서 피살된 시체가
들에 엎드러진 것을 발견하고 그 쳐죽인
자가 누구인지 알지 못하거든

2 너희의 장로들과 재판장들은 나가서
그 피살된 곳의 사방에 있는 성읍의 원근
을 잴 것이요

3 그 피살된 곳에서 제일 가까운 성읍의
장로들이 그 성읍에서 아직 부리지 아니
하고 멍에를 메지 아니한 암송아지를 취
하여

4 그 성읍의 장로들이 물이 항상 흐르고
갈지도 않고 씨를 뿌린 일도 없는 골짜기
로 그 송아지를 끌고 가서 그 골짜기에서
그 송아지의 목을 꺾을 것이요

5 레위 자손 제사장들도 그리로 갈지니
그들은 네 하나님 여호와께서 택하사 자
기를 섬기게 하시며 또 여호와의 이름으

19

20

죽인 자를 알지 못하거든

21

2

3

4

5

로 축복하게 하신 자라 모든 소송과 모든
투쟁이 그들의 말대로 판결될 것이니라

6 그 피살된 곳에서 제일 가까운 성읍의
모든 장로들은 그 골짜기에서 목을 꺾은
암송아지 위에 손을 씻으며

7 말하기를 우리의 손이 이 피를 흘리지
아니하였고 우리의 눈이 이것을 보지도
못하였나이다

8 여호와여 주께서 속량하신 주의 백성
이스라엘을 사하시고 무죄한 피를 주의
백성 이스라엘 중에 머물러 두지 마옵소
서 하면 그 피 흘린 죄가 사함을 받으리니

9 너는 이와 같이 여호와께서 보시기에
정직한 일을 행하여 무죄한 자의 피 흘린
죄를 너희 중에서 제할지니라

여자 포로를 아내로 삼는 규정

10 네가 나가서 적군과 싸울 때에 네 하나
님 여호와께서 그들을 네 손에 넘기시므
로 네가 그들을 사로잡은 후에

11 네가 만일 그 포로 중의 아리따운 여자
를 보고 그에게 연연하여 아내를 삼고자
하거든

12 그를 네 집으로 데려갈 것이요 그는 그
머리를 밀고 손톱을 베고

13 또 포로의 의복을 벗고 네 집에 살며
그 부모를 위하여 한 달 동안 애곡한 후에
네가 그에게로 들어가서 그의 남편이 되
고 그는 네 아내가 될 것이요

14 그 후에 네가 그를 기뻐하지 아니하거

6

7

8

9

여자 포로를 아내로 삼는 규정

10

11

12

13

14

든 그의 마음대로 가게 하고 결코 돈을 받
고 팔지 말지라 네가 그를 욕보였은즉 종
으로 여기지 말지니라

장자의 상속권

15 어떤 사람이 두 아내를 두었는데 하나
는 사랑을 받고 하나는 미움을 받다가 그
사랑을 받는 자와 미움을 받는 자가 둘 다
아들을 낳았다 하자 그 미움을 받는 자의
아들이 장자이면

16 자기의 소유를 그의 아들들에게 기업
으로 나누는 날에 그 사랑을 받는 자의 아
들을 장자로 삼아 참 장자 곧 미움을 받는
자의 아들보다 앞세우지 말고

17 반드시 그 미움을 받는 자의 아들을 장
자로 인정하여 자기의 소유에서 그에게는
두 몫을 줄 것이니 그는 자기의 기력의 시
작이라 장자의 권리가 그에게 있음이니라

패역한 아들에게 내리는 벌

18 사람에게 완악하고 패역한 아들이 있
어 그의 아버지의 말이나 그 어머니의 말
을 순종하지 아니하고 부모가 징계하여
도 순종하지 아니하거든

19 그의 부모가 그를 끌고 성문에 이르러
그 성읍 장로들에게 나아가서

20 그 성읍 장로들에게 말하기를 우리의
이 자식은 완악하고 패역하여 우리 말을
듣지 아니하고 방탕하며 술에 잠긴 자라
하면

21 그 성읍의 모든 사람들이 그를 돌로 쳐
죽일지니 이같이 네가 너희 중에서 악을

장자의 상속권

15

16

17

패역한 아들에게 내리는 벌

18

19

20

21

제하라 그리하면 온 이스라엘이 듣고 두
려워하리라

기타 규정

22 사람이 만일 죽을 죄를 범하므로 네가
그를 죽여 나무 위에 달거든

23 그 시체를 나무 위에 밤새도록 두지 말
고 그 날에 장사하여 네 하나님 여호와께
서 네게 기업으로 주시는 땅을 더럽히지
말라 나무에 달린 자는 하나님께 저주를
받았음이니라

22 네 형제의 소나 양이 길 잃은 것을
보거든 못 본 체하지 말고 너는 반
드시 그것들을 끌어다가 네 형제에게 돌
릴 것이요

2 네 형제가 네게서 멀거나 또는 네가 그
를 알지 못하거든 그 짐승을 네 집으로 끌
고 가서 네 형제가 찾기까지 네게 두었다
가 그에게 돌려 줄지니

3 나귀라도 그리하고 의복이라도 그리
하고 형제가 잃어버린 어떤 것이든지 네
가 얻거든 다 그리하고 못 본 체하지 말
것이며

4 네 형제의 나귀나 소가 길에 넘어진 것
을 보거든 못 본 체하지 말고 너는 반드시
형제를 도와 그것들을 일으킬지니라

5 여자는 남자의 의복을 입지 말 것이요
남자는 여자의 의복을 입지 말 것이라 이
같이 하는 자는 네 하나님 여호와께 가증
한 자이니라

기타 규정

22

23

22

2

3

4

5

6 길을 가다가 나무에나 땅에 있는 새의
보금자리에 새 새끼나 알이 있고 어미 새
가 그의 새끼나 알을 품은 것을 보거든 그
어미 새와 새끼를 아울러 취하지 말고

7 어미는 반드시 놓아 줄 것이요 새끼는
취하여도 되나니 그리하면 네가 복을 누
리고 장수하리라

8 네가 새 집을 지을 때에 지붕에 난간을
만들어 사람이 떨어지지 않게 하라 그 피
가 네 집에 돌아갈까 하노라

9 네 포도원에 두 종자를 섞어 뿌리지 말
라 그리하면 네가 뿌린 씨의 열매와 포도
원의 소산을 다 [1]빼앗길까 하노라

10 너는 소와 나귀를 겨리하여 갈지 말며

11 양 털과 베 실로 섞어 짠 것을 입지 말
지니라

12 너희는 너희가 입는 겉옷의 네 귀에 술
을 만들지니라

순결에 관한 법

13 누구든지 아내를 맞이하여 그에게 들
어간 후에 그를 미워하여

14 비방거리를 만들어 그에게 누명을 씌
워 이르되 내가 이 여자를 맞이하였더니
그와 동침할 때에 그가 처녀임을 보지 못
하였노라 하면

15 그 처녀의 부모가 그 처녀의 처녀인 표
를 얻어가지고 그 성문 장로들에게로 가서

16 처녀의 아버지가 장로들에게 말하기
를 내 딸을 이 사람에게 아내로 주었더니

6

7

8

9

10

11

12

순결에 관한 법

13

14

15

16

그가 미워하여
17 비방거리를 만들어 말하기를 내가 네
딸에게서 처녀임을 보지 못하였노라 하
나 보라 내 딸의 처녀의 표적이 이것이라
하고 그 부모가 그 자리옷을 그 성읍 장로
들 앞에 펼 것이요
18 그 성읍 장로들은 그 사람을 잡아 때리
고
19 이스라엘 처녀에게 누명을 씌움으로
말미암아 그에게서 은 일백 세겔을 벌금
으로 받아 여자의 아버지에게 주고 그 여
자는 그 남자가 평생에 버릴 수 없는 아내
가 되게 하려니와
20 그 일이 참되어 그 처녀에게 처녀의 표
적이 없거든
21 그 처녀를 그의 아버지 집 문에서 끌어
내고 그 성읍 사람들이 그를 돌로 쳐죽일
지니 이는 그가 그의 아버지 집에서 창기
의 행동을 하여 이스라엘 중에서 악을 행
하였음이라 너는 이와 같이 하여 너희 가
운데서 악을 제할지니라
22 어떤 남자가 유부녀와 동침한 것이 드
러나거든 그 동침한 남자와 그 여자를 둘
다 죽여 이스라엘 중에 악을 제할지니라
23 처녀인 여자가 남자와 약혼한 후에 어떤
남자가 그를 성읍 중에서 만나 동침하면
24 너희는 그들을 둘 다 성읍 문으로 끌어
내고 그들을 돌로 쳐죽일 것이니 그 처녀
는 성안에 있으면서도 소리 지르지 아니
하였음이요 그 남자는 그 이웃의 아내를

17

18

19

20

21

22

23

24

욕보였음이라 너는 이같이 하여 너희 가
운데에서 악을 제할지니라

25 만일 남자가 어떤 약혼한 처녀를 들에
서 만나서 강간하였으면 그 강간한 남자
만 죽일 것이요

26 처녀에게는 아무것도 행하지 말 것은
처녀에게는 죽일 죄가 없음이라 이 일은
사람이 일어나 그 이웃을 쳐죽인 것과 같
은 것이라

27 남자가 처녀를 들에서 만난 까닭에 그
약혼한 처녀가 소리질러도 구원할 자가
없었음이니라

28 만일 남자가 약혼하지 아니한 처녀를
만나 그를 붙들고 동침하는 중에 그 두 사
람이 발견되면

29 그 동침한 남자는 그 처녀의 아버지에
게 은 오십 세겔을 주고 그 처녀를 아내로
삼을 것이라 그가 그 처녀를 욕보였은즉
평생에 그를 버리지 못하리라

30 사람이 그의 아버지의 아내를 취하여
아버지의 하체를 드러내지 말지니라

총회에 들어오지 못하는 사람들

23 고환이 상한 자나 음경이 잘린 자
는 여호와의 총회에 들어오지 못
하리라

2 사생자는 여호와의 총회에 들어오지
못하리니 십 대에 이르기까지도 여호와
의 총회에 들어오지 못하리라

3 암몬 사람과 모압 사람은 여호와의 총

25

26

27

28

29

30

총회에 들어오지 못하는 사람들

23

2

3

회에 들어오지 못하리니 그들에게 속한
자는 십 대뿐 아니라 영원히 여호와의 총
회에 들어오지 못하리라

4 그들은 너희가 애굽에서 나올 때에 떡
과 물로 너희를 길에서 영접하지 아니하
고 메소보다미아의 브돌 사람 브올의 아
들 발람에게 뇌물을 주어 너희를 저주하
게 하려 하였으나

5 네 하나님 여호와께서 너를 사랑하시
므로 네 하나님 여호와께서 발람의 말을
듣지 아니하시고 네 하나님 여호와께서
그 저주를 변하여 복이 되게 하셨나니

6 네 평생에 그들의 평안함과 형통함을
영원히 구하지 말지니라

7 너는 에돔 사람을 미워하지 말라 그는
네 형제임이니라 애굽 사람을 미워하지 말
라 네가 그의 땅에서 객이 되었음이니라

8 그들의 삼 대 후 자손은 여호와의 총회
에 들어올 수 있느니라

진영을 거룩하게 하는 법

9 네가 적군을 치러 출진할 때에 모든 악
한 일을 스스로 삼갈지니

10 너희 중에 누가 밤에 몽설함으로 부정
하거든 진영 밖으로 나가고 진영 안에 들
어오지 아니하다가

11 해 질 때에 목욕하고 해 진 후에 진에
들어올 것이요

12 네 진영 밖에 변소를 마련하고 그리로
나가되

4

5

6

7

8

진영을 거룩하게 하는 법

9

10

11

12

13 네 기구에 작은 삽을 더하여 밖에 나가
서 대변을 볼 때에 그것으로 땅을 팔 것이
요 몸을 돌려 그 배설물을 덮을지니
14 이는 네 하나님 여호와께서 너를 구원
하시고 적군을 네게 넘기시려고 네 진영
중에 행하심이라 그러므로 네 진영을 거
룩히 하라 그리하면 네게서 불결한 것을
보시지 않으므로 너를 떠나지 아니하시
리라

기타 규정

15 종이 그의 주인을 피하여 네게로 도망
하거든 너는 그의 주인에게 돌려주지 말
고
16 그가 네 성읍 중에서 원하는 곳을 택하
는 대로 너와 함께 네 가운데에 거주하게
하고 그를 압제하지 말지니라
17 이스라엘 여자 중에 창기가 있지 못할
것이요 이스라엘 남자 중에 남창이 있지
못할지니
18 창기가 번 돈과 개 같은 자의 소득은
어떤 서원하는 일로든지 네 하나님 여호
와의 전에 가져오지 말라 이 둘은 다 네
하나님 여호와께 가증한 것임이니라
19 네가 형제에게 꾸어주거든 이자를 받
지 말지니 곧 돈의 이자, 식물의 이자, 이
자를 낼 만한 모든 것의 이자를 받지 말
것이라
20 타국인에게 네가 꾸어주면 이자를 받
아도 되거니와 네 형제에게 꾸어주거든
이자를 받지 말라 그리하면 네 하나님 여

13

14

기타 규정

15

16

17

18

19

20

호와께서 네가 들어가서 차지할 땅에서
네 손으로 하는 범사에 복을 내리시리라

21 네 하나님 여호와께 서원하거든 갚기
를 더디하지 말라 네 하나님 여호와께서
반드시 그것을 네게 요구하시리니 더디
면 그것이 네게 죄가 될 것이라

22 네가 서원하지 아니하였으면 무죄하
리라 그러나

23 네 입으로 말한 것은 그대로 실행하도
록 유의하라 무릇 자원한 예물은 네 하나
님 여호와께 네가 서원하여 입으로 언약
한 대로 행할지니라

24 네 이웃의 포도원에 들어갈 때에는 마
음대로 그 포도를 배불리 먹어도 되느니
라 그러나 그릇에 담지는 말 것이요

25 네 이웃의 곡식밭에 들어갈 때에는 네
가 손으로 그 이삭을 따도 되느니라 그러
나 네 이웃의 곡식밭에 낫을 대지는 말지
니라

이혼과 재혼

24 사람이 아내를 맞이하여 데려온
후에 그에게 수치되는 일이 있음
을 발견하고 그를 기뻐하지 아니하면 이
혼 증서를 써서 그의 손에 주고 그를 자기
집에서 내보낼 것이요

2 그 여자는 그의 집에서 나가서 다른 사
람의 아내가 되려니와

3 그의 둘째 남편도 그를 미워하여 이혼
증서를 써서 그의 손에 주고 그를 자기 집

21

22

23

24

25

이혼과 재혼

24

2

3

에서 내보냈거나 또는 그를 아내로 맞이
한 둘째 남편이 죽었다 하자

4 그 여자는 이미 몸을 더럽혔은즉 그를
내보낸 전남편이 그를 다시 아내로 맞이
하지 말지니 이 일은 여호와 앞에 가증한
것이라 너는 네 하나님 여호와께서 네게
기업으로 주시는 땅을 범죄하게 하지 말
지니라

기타 규정

5 사람이 새로이 아내를 맞이하였으면
그를 군대로 내보내지 말 것이요 아무 직
무도 그에게 맡기지 말 것이며 그는 일 년
동안 한가하게 집에 있으면서 그가 맞이
한 아내를 즐겁게 할지니라

6 사람이 맷돌이나 그 위짝을 전당 잡지
말지니 이는 그 생명을 전당 잡음이니라

7 사람이 자기 형제 곧 이스라엘 자손 중
한 사람을 유인하여 종으로 삼거나 판 것
이 발견되면 그 유인한 자를 죽일지니 이
같이 하여 너희 중에서 악을 제할지니라

8 너는 나병에 대하여 삼가서 레위 사람
제사장들이 너희에게 가르치는 대로 네
가 힘써 다 지켜 행하되 너희는 내가 그들
에게 명령한 대로 지켜 행하라

9 너희는 애굽에서 나오는 길에서 네 하
나님 여호와께서 미리암에게 행하신 일
을 기억할지니라

10 네 이웃에게 무엇을 꾸어줄 때에 너는
그의 집에 들어가서 전당물을 취하지 말
고

4

기타 규정
5

6

7

8

9

10

11 너는 밖에 서 있고 네게 꾸는 자가 전
당물을 밖으로 가지고 나와서 네게 줄 것
이며

12 그가 가난한 자이면 너는 그의 전당물
을 가지고 자지 말고

13 해 질 때에 그 전당물을 반드시 그에게
돌려줄 것이라 그리하면 그가 그 옷을 입
고 자며 너를 위하여 축복하리니 그 일이
네 하나님 여호와 앞에서 네 공의로움이
되리라

14 곤궁하고 빈한한 품꾼은 너희 형제든
지 네 땅 성문 안에 우거하는 객이든지 그
를 학대하지 말며

15 그 품삯을 당일에 주고 해 진 후까지
미루지 말라 이는 그가 가난하므로 그 품
삯을 간절히 바람이라 그가 너를 여호와
께 호소하지 않게 하라 그렇지 않으면 그
것이 네게 죄가 될 것임이라

16 아버지는 그 자식들로 말미암아 죽임
을 당하지 않을 것이요 자식들은 그 아버
지로 말미암아 죽임을 당하지 않을 것이
니 각 사람은 자기 죄로 말미암아 죽임을
당할 것이니라

17 너는 객이나 고아의 송사를 억울하게
하지 말며 과부의 옷을 전당 잡지 말라

18 너는 애굽에서 종 되었던 일과 네 하나
님 여호와께서 너를 거기서 속량하신 것
을 기억하라 이러므로 내가 네게 이 일을
행하라 명령하노라

11

12

13

14

15

16

17

18

19 네가 밭에서 곡식을 벨 때에 그 한 뭇
을 밭에 잊어버렸거든 다시 가서 가져오
지 말고 나그네와 고아와 과부를 위하여
남겨두라 그리하면 네 하나님 여호와께
서 네 손으로 하는 모든 일에 복을 내리시
리라

20 네가 네 감람나무를 떤 후에 그 가지를
다시 살피지 말고 그 남은 것은 객과 고아
와 과부를 위하여 남겨두며

21 네가 네 포도원의 포도를 딴 후에 그
남은 것을 다시 따지 말고 객과 고아와 과
부를 위하여 남겨두라

22 너는 애굽 땅에서 종 되었던 것을 기억
하라 이러므로 내가 네게 이 일을 행하라
명령하노라

25 사람들 사이에 시비가 생겨 재판
을 청하면 재판장은 그들을 재판
하여 의인은 의롭다 하고 악인은 정죄할
것이며

2 악인에게 태형이 합당하면 재판장은 그
를 엎드리게 하고 그 앞에서 그의 죄에 따
라 수를 맞추어 때리게 하라

3 사십까지는 때리려니와 그것을 넘기
지는 못할지니 만일 그것을 넘겨 매를 지
나치게 때리면 네가 네 형제를 경히 여기
는 것이 될까 하노라

4 곡식 떠는 소에게 망을 씌우지 말지니라

죽은 형제에 대한 의무

5 형제들이 함께 사는데 그 중 하나가 죽

19
20
21
22
25
2
3
4
죽은 형제에 대한 의무
5

고 아들이 없거든 그 죽은 자의 아내는 나
가서 타인에게 시집 가지 말 것이요 그의
남편의 형제가 그에게로 들어가서 그를
맞이하여 아내로 삼아 그의 남편의 형제
된 의무를 그에게 다 행할 것이요

6 그 여인이 낳은 첫 아들이 그 죽은 형
제의 이름을 잇게 하여 그 이름이 이스라
엘 중에서 끊어지지 않게 할 것이니라

7 그러나 그 사람이 만일 그 형제의 아내
맞이하기를 즐겨하지 아니하면 그 형제
의 아내는 그 성문으로 장로들에게로 나
아가서 말하기를 내 남편의 형제가 그의
형제의 이름을 이스라엘 중에 잇기를 싫
어하여 남편의 형제 된 의무를 내게 행하
지 아니하나이다 할 것이요

8 그 성읍 장로들은 그를 불러다가 말할
것이며 그가 이미 정한 뜻대로 말하기를
내가 그 여자를 맞이하기를 즐겨하지 아
니하노라 하면

9 그의 형제의 아내가 장로들 앞에서 그
에게 나아가서 그의 발에서 신을 벗기고
그의 얼굴에 침을 뱉으며 이르기를 그의
형제의 집을 세우기를 즐겨 아니하는 자
에게는 이같이 할 것이라 하고

10 이스라엘 중에서 그의 이름을 신 벗김
받은 자의 집이라 부를 것이니라

다른 법

11 두 사람이 서로 싸울 때에 한 사람의
아내가 그 치는 자의 손에서 그의 남편을

6

7

8

9

10

다른 법

11

구하려 하여 가까이 가서 손을 벌려 그 사
람의 음낭을 잡거든

12 너는 그 여인의 손을 찍어버릴 것이고
네 눈이 그를 불쌍히 여기지 말지니라

13 너는 네 주머니에 두 종류의 저울추 곧
큰 것과 작은 것을 넣지 말 것이며

14 네 집에 두 종류의 되 곧 큰 것과 작은
것을 두지 말 것이요

15 오직 온전하고 공정한 저울추를 두며
온전하고 공정한 되를 둘 것이라 그리하
면 네 하나님 여호와께서 네게 주시는 땅
에서 네 날이 길리라

16 이런 일들을 행하는 모든 자, 악을 행
하는 모든 자는 네 하나님 여호와께 가증
하니라

아말렉에 대한 기억을 지워버리라

17 너희는 애굽에서 나오는 길에 아말렉
이 네게 행한 일을 기억하라

18 곧 그들이 너를 길에서 만나 네가 피곤
할 때에 네 뒤에 떨어진 약한 자들을 쳤고
하나님을 두려워하지 아니하였느니라

19 그러므로 네 하나님 여호와께서 네게
기업으로 주어 차지하게 하시는 땅에서
네 하나님 여호와께서 사방에 있는 모든
적군으로부터 네게 안식을 주실 때에 너
는 천하에서 아말렉에 대한 기억을 지워
버리라 너는 잊지 말지니라

토지 소산

12

13

14

15

16

아말렉에 대한 기억을 지워버리라

17

18

19

토지 소산

26 네 하나님 여호와께서 네게 기업
으로 주어 차지하게 하실 땅에 네
가 들어가서 거기에 거주할 때에

2 네 하나님 여호와께서 네게 주신 땅에
서 그 토지의 모든 소산의 맏물을 거둔 후
에 그것을 가져다가 광주리에 담고 네 하
나님 여호와께서 그의 이름을 두시려고
택하신 곳으로 그것을 가지고 가서

3 그 때의 제사장에게 나아가 그에게 이
르기를 내가 오늘 당신의 하나님 여호와
께 아뢰나이다 내가 여호와께서 우리에
게 주시겠다고 우리 조상들에게 맹세하
신 땅에 이르렀나이다 할 것이요

4 제사장은 네 손에서 그 광주리를 받아
서 네 하나님 여호와의 제단 앞에 놓을 것
이며

5 너는 또 네 하나님 여호와 앞에 아뢰기
를 내 조상은 방랑하는 아람 사람으로서
애굽에 내려가 거기에서 소수로 거류하
였더니 거기에서 크고 강하고 번성한 민
족이 되었는데

6 애굽 사람이 우리를 학대하며 우리를
괴롭히며 우리에게 중노동을 시키므로

7 우리가 우리 조상의 하나님 여호와께
부르짖었더니 여호와께서 우리 음성을
들으시고 우리의 고통과 신고와 압제를
보시고

8 여호와께서 강한 손과 편 팔과 큰 위엄
과 이적과 기사로 우리를 애굽에서 인도
하여 내시고

26

2

3

4

5

6

7

8

9 이곳으로 인도하사 이 땅 곧 젖과 꿀이
흐르는 땅을 주셨나이다

10 여호와여 이제 내가 주께서 내게 주신
토지 소산의 맏물을 가져왔나이다 하고
너는 그것을 네 하나님 여호와 앞에 두고
네 하나님 여호와 앞에 경배할 것이며

11 네 하나님 여호와께서 너와 네 집에 주
신 모든 복으로 말미암아 너는 레위인과
너희 가운데에 거류하는 객과 함께 즐거
워할지니라

12 셋째 해 곧 십일조를 드리는 해에 네
모든 소산의 십일조 내기를 마친 후에 그
것을 레위인과 객과 고아와 과부에게 주
어 네 성읍 안에서 먹고 배부르게 하라

13 그리 할 때에 네 하나님 여호와 앞에
아뢰기를 내가 성물을 내 집에서 내어 레
위인과 객과 고아와 과부에게 주기를 주
께서 내게 명령하신 명령대로 하였사오
니 내가 주의 명령을 범하지도 아니하였
고 잊지도 아니하였나이다

14 내가 애곡하는 날에 이 성물을 먹지 아
니하였고 부정한 몸으로 이를 떼어두지
아니하였고 죽은 자를 위하여 이를 쓰지
아니하였고 내 하나님 여호와의 말씀을
청종하여 주께서 내게 명령하신 대로 다
행하였사오니

15 원하건대 주의 거룩한 처소 하늘에서
보시고 주의 백성 이스라엘에게 복을 주
시며 우리 조상들에게 맹세하여 우리에

9

10

11

12

13

14

15

게 주신 젖과 꿀이 흐르는 땅에 복을 내리
소서 할지니라

하나님의 보배로운 백성

16 오늘 네 하나님 여호와께서 이 규례와
법도를 행하라고 네게 명령하시나니 그
런즉 너는 마음을 다하고 뜻을 다하여 지
켜 행하라

17 네가 오늘 여호와를 네 하나님으로 인
정하고 또 그 도를 행하고 그의 규례와 명
령과 법도를 지키며 그의 소리를 들으리
라 확언하였고

18 여호와께서도 네게 말씀하신 대로 오
늘 너를 그의 보배로운 백성이 되게 하시
고 그의 모든 명령을 지키라 확언하셨느
니라

19 그런즉 여호와께서 너를 그 지으신 모
든 민족 위에 뛰어나게 하사 찬송과 명예
와 영광을 삼으시고 그가 말씀하신 대로
너를 네 하나님 여호와의 성민이 되게 하
시리라

돌 위에 기록한 율법

27 모세와 이스라엘 장로들이 백성에
게 명령하여 이르되 내가 오늘 너
희에게 명령하는 이 명령을 너희는 다 지
킬지니라

2 너희가 요단을 건너 네 하나님 여호와
께서 네게 주시는 땅에 들어가는 날에 큰
돌들을 세우고 석회를 바르라

3 요단을 건넌 후에 이 율법의 모든 말씀
을 그 위에 기록하라 그리하면 네 하나님

하나님의 보배로운 백성
16
17
18
19
돌 위에 기록한 율법
27
2
3

여호와께서 네게 주시는 땅 곧 젖과 꿀이
흐르는 땅에 네가 들어가기를 네 조상들
의 하나님 여호와께서 네게 말씀하신 대
로 하리라

4 너희가 요단을 건너거든 내가 오늘 너
희에게 명령하는 이 돌들을 에발 산에 세
우고 그 위에 석회를 바를 것이며

5 또 거기서 네 하나님 여호와를 위하여
제단 곧 돌단을 쌓되 그것에 쇠 연장을 대
지 말지니라

6 너는 다듬지 않은 돌로 네 하나님 여호
와의 제단을 쌓고 그 위에 네 하나님 여호
와께 번제를 드릴 것이며

7 또 화목제를 드리고 거기에서 먹으며
네 하나님 여호와 앞에서 즐거워하라

8 너는 이 율법의 모든 말씀을 그 돌들
위에 분명하고 정확하게 기록할지니라

9 모세와 레위 제사장들이 온 이스라엘
에게 말하여 이르되 이스라엘아 잠잠하
여 들으라 오늘 네가 네 하나님 여호와의
백성이 되었으니

10 그런즉 네 하나님 여호와의 말씀을 청
종하여 내가 오늘 네게 명령하는 그 명령
과 규례를 행할지니라

에발 산에서 선포한 저주

11 모세가 그 날 백성에게 명령하여 이르
되

12 너희가 요단을 건넌 후에 시므온과 레
위와 유다와 잇사갈과 요셉과 베냐민은 백
성을 축복하기 위하여 그리심 산에 서고

4
5
6
7
8
9
10
에발 산에서 선포한 저주
11
12

13 르우벤과 갓과 아셀과 스불론과 단과
납달리는 저주하기 위하여 에발 산에 서
고

14 레위 사람은 큰 소리로 이스라엘 모든
사람에게 말하여 이르기를

15 장색의 손으로 조각하였거나 부어 만
든 우상은 여호와께 가증하니 그것을 만
들어 은밀히 세우는 자는 저주를 받을 것
이라 할 것이요 모든 백성은 응답하여 말
하되 아멘 할지니라

16 그의 부모를 경홀히 여기는 자는 저주
를 받을 것이라 할 것이요 모든 백성은 아
멘 할지니라

17 그의 이웃의 경계표를 옮기는 자는 저
주를 받을 것이라 할 것이요 모든 백성은
아멘 할지니라

18 맹인에게 길을 잃게 하는 자는 저주를
받을 것이라 할 것이요 모든 백성은 아멘
할지니라

19 객이나 고아나 과부의 송사를 억울하
게 하는 자는 저주를 받을 것이라 할 것이
요 모든 백성은 아멘 할지니라

20 그의 아버지의 아내와 동침하는 자는
그의 아버지의 하체를 드러냈으니 저주
를 받을 것이라 할 것이요 모든 백성은 아
멘 할지니라

21 짐승과 교합하는 모든 자는 저주를 받
을 것이라 할 것이요 모든 백성은 아멘 할
지니라

22 그의 자매 곧 그의 아버지의 딸이나 어

13

14

15

16

17

18

19

20

21

22

머니의 딸과 동침하는 자는 저주를 받을
것이라 할 것이요 모든 백성은 아멘 할지
니라
23 장모와 동침하는 자는 저주를 받을 것
이라 할 것이요 모든 백성은 아멘 할지니
라
24 그의 이웃을 암살하는 자는 저주를 받
을 것이라 할 것이요 모든 백성은 아멘 할
지니라
25 무죄한 자를 죽이려고 뇌물을 받는 자
는 저주를 받을 것이라 할 것이요 모든 백
성은 아멘 할지니라
26 이 율법의 말씀을 실행하지 아니하는
자는 저주를 받을 것이라 할 것이요 모든
백성은 아멘 할지니라

순종하여 받는 복(레 26:3-13; 신 7:12-24)

28 네가 네 하나님 여호와의 말씀을
삼가 듣고 내가 오늘 네게 명령하
는 그의 모든 명령을 지켜 행하면 네 하나
님 여호와께서 너를 세계 모든 민족 위에
뛰어나게 하실 것이라
2 네가 네 하나님 여호와의 말씀을 청종하
면 이 모든 복이 네게 임하며 네게 이르리니
3 성읍에서도 복을 받고 들에서도 복을
받을 것이며
4 네 몸의 자녀와 네 토지의 소산과 네
짐승의 새끼와 소와 양의 새끼가 복을 받
을 것이며
5 네 광주리와 떡 반죽 그릇이 복을 받을
것이며

23
24
25
26
순종하여 받는 복(레 26:3-13; 신 7:12-24)
28
2
3
4
5

6 네가 들어와도 복을 받고 나가도 복을
받을 것이니라

7 여호와께서 너를 대적하기 위해 일어
난 적군들을 네 앞에서 패하게 하시리라
그들이 한 길로 너를 치러 들어왔으나 네
앞에서 일곱 길로 도망하리라

8 여호와께서 명령하사 네 창고와 네 손
으로 하는 모든 일에 복을 내리시고 네 하
나님 여호와께서 네게 주시는 땅에서 네
게 복을 주실 것이며

9 여호와께서 네게 맹세하신 대로 너를
세워 자기의 성민이 되게 하시리니 이는
네가 네 하나님 여호와의 명령을 지켜 그
길로 행할 것임이니라

10 땅의 모든 백성이 여호와의 이름이 너
를 위하여 불리는 것을 보고 너를 두려워
하리라

11 여호와께서 네게 주리라고 네 조상들
에게 맹세하신 땅에서 네게 복을 주사 네
몸의 소생과 가축의 새끼와 토지의 소산
을 많게 하시며

12 여호와께서 너를 위하여 하늘의 아름
다운 보고를 여시사 네 땅에 때를 따라 비
를 내리시고 네 손으로 하는 모든 일에 복
을 주시리니 네가 많은 민족에게 꾸어줄
지라도 너는 꾸지 아니할 것이요

13 여호와께서 너를 머리가 되고 꼬리가
되지 않게 하시며 위에만 있고 아래에 있
지 않게 하시리니 오직 너는 내가 오늘 네

6

7

8

9

10

11

12

13

게 명령하는 네 하나님 여호와의 명령을
듣고 지켜 행하며

14 내가 오늘 너희에게 명령하는 그 말씀
을 떠나 좌로나 우로나 치우치지 아니하
고 다른 신을 따라 섬기지 아니하면 이와
같으리라

15 네가 만일 네 하나님 여호와의 말씀을
순종하지 아니하여 내가 오늘 네게 명령
하는 그의 모든 명령과 규례를 지켜 행하
지 아니하면 이 모든 저주가 네게 임하며
네게 이를 것이니

16 네가 성읍에서도 저주를 받으며 들에
서도 저주를 받을 것이요

17 또 네 광주리와 떡 반죽 그릇이 저주를
받을 것이요

18 네 몸의 소생과 네 토지의 소산과 네
소와 양의 새끼가 저주를 받을 것이며

19 네가 들어와도 저주를 받고 나가도 저
주를 받으리라

불순종하여 받는 저주

20 네가 악을 행하여 그를 잊으므로 네 손
으로 하는 모든 일에 여호와께서 저주와
혼란과 책망을 내리사 망하며 속히 파멸
하게 하실 것이며

21 여호와께서 네 몸에 염병이 들게 하사
네가 들어가 차지할 땅에서 마침내 너를
멸하실 것이며

22 여호와께서 폐병과 열병과 염증과 학
질과 한재와 풍재와 썩는 재앙으로 너를

14

15

16

17

18

19

불순종하여 받는 저주

20

21

22

치시리니 이 재앙들이 너를 따라서 너를
진멸하게 할 것이라

23 네 머리 위의 하늘은 놋이 되고 네 아
래의 땅은 철이 될 것이며

24 여호와께서 비 대신에 티끌과 모래를
네 땅에 내리시리니 그것들이 하늘에서
네 위에 내려 마침내 너를 멸하리라

25 여호와께서 네 적군 앞에서 너를 패하
게 하시리니 네가 그들을 치러 한 길로 나
가서 그들 앞에서 일곱 길로 도망할 것이
며 네가 또 땅의 모든 나라 중에 흩어지고

26 네 시체가 공중의 모든 새와 땅의 짐승
들의 밥이 될 것이나 그것들을 쫓아줄 자
가 없을 것이며

27 여호와께서 애굽의 종기와 치질과 괴
혈병과 피부병으로 너를 치시리니 네가
치유 받지 못할 것이며

28 여호와께서 또 너를 미치는 것과 눈 머
는 것과 정신병으로 치시리니

29 맹인이 어두운 데에서 더듬는 것과 같
이 네가 백주에도 더듬고 네 길이 형통하
지 못하여 항상 압제와 노략을 당할 뿐이
리니 너를 구원할 자가 없을 것이며

30 네가 여자와 약혼하였으나 다른 사람
이 그 여자와 같이 동침할 것이요 집을 건
축하였으나 거기에 거주하지 못할 것이
요 포도원을 심었으나 네가 그 열매를 따
지 못할 것이며

31 네 소를 네 목전에서 잡았으나 네가 먹

23

24

25

26

27

28

29

30

31

지 못할 것이며 네 나귀를 네 목전에서 빼
앗겨도 도로 찾지 못할 것이며 네 양을 원
수에게 빼앗길 것이나 너를 도와 줄 자가
없을 것이며

32 네 자녀를 다른 민족에게 빼앗기고 종
일 생각하고 찾음으로 눈이 피곤하여지
나 네 손에 힘이 없을 것이며

33 네 토지 소산과 네 수고로 얻은 것을
네가 알지 못하는 민족이 먹겠고 너는 항
상 압제와 학대를 받을 뿐이리니

34 이러므로 네 눈에 보이는 일로 말미암
아 네가 미치리라

35 여호와께서 네 무릎과 다리를 쳐서 고
치지 못할 심한 종기를 생기게 하여 발바
닥에서부터 정수리까지 이르게 하시리라

36 여호와께서 너와 네가 세울 네 임금을
너와 네 조상들이 알지 못하던 나라로 끌
어 가시리니 네가 거기서 목석으로 만든
다른 신들을 섬길 것이며

37 여호와께서 너를 끌어 가시는 모든 민
족 중에서 네가 놀람과 속담과 비방거리
가 될 것이라

38 네가 많은 종자를 들에 뿌릴지라도 메
뚜기가 먹으므로 거둘 것이 적을 것이며

39 네가 포도원을 심고 가꿀지라도 벌레
가 먹으므로 포도를 따지 못하고 포도주
를 마시지 못할 것이며

40 네 모든 경내에 감람나무가 있을지라
도 그 열매가 떨어지므로 그 기름을 네 몸

32

33

34

35

36

37

38

39

40

에 바르지 못할 것이며

41 네가 자녀를 낳을지라도 그들이 포로
가 되므로 너와 함께 있지 못할 것이며

42 네 모든 나무와 토지 소산은 메뚜기가
먹을 것이며

43 너의 중에 우거하는 이방인은 점점 높
아져서 네 위에 뛰어나고 너는 점점 낮아
질 것이며

44 그는 네게 꾸어줄지라도 너는 그에게
꾸어주지 못하리니 그는 머리가 되고 너
는 꼬리가 될 것이라

45 네가 네 하나님 여호와의 말씀을 청종
하지 아니하고 네게 명령하신 그의 명령
과 규례를 지키지 아니하므로 이 모든 저
주가 네게 와서 너를 따르고 네게 이르러
마침내 너를 멸하리니

46 이 모든 저주가 너와 네 자손에게 영원
히 있어서 표징과 훈계가 되리라

47 네가 모든 것이 풍족하여도 기쁨과 즐
거운 마음으로 네 하나님 여호와를 섬기
지 아니함으로 말미암아

48 네가 주리고 목마르고 헐벗고 모든 것
이 부족한 중에서 여호와께서 보내사 너
를 치게 하실 적군을 섬기게 될 것이니 그
가 철 멍에를 네 목에 메워 마침내 너를
멸할 것이라

49 곧 여호와께서 멀리 땅 끝에서 한 민족
을 독수리가 날아오는 것 같이 너를 치러
오게 하시리니 이는 네가 그 언어를 알지

못하는 민족이요

50 그 용모가 흉악한 민족이라 노인을 보
살피지 아니하며 유아를 불쌍히 여기지
아니하며

51 네 가축의 새끼와 네 토지의 소산을 먹
어 마침내 너를 멸망시키며 또 곡식이나
포도주나 기름이나 소의 새끼나 양의 새
끼를 너를 위하여 남기지 아니하고 마침
내 너를 멸절시키리라

52 그들이 전국에서 네 모든 성읍을 에워
싸고 네가 의뢰하는 높고 견고한 성벽을
다 헐며 네 하나님 여호와께서 네게 주시
는 땅의 모든 성읍에서 너를 에워싸리니

53 네가 적군에게 에워싸이고 맹렬한 공
격을 받아 곤란을 당하므로 네 하나님 여
호와께서 네게 주신 자녀 곧 네 몸의 소생
의 살을 먹을 것이라

54 너희 중에 온유하고 연약한 남자까지
도 그의 형제와 그의 품의 아내와 그의 남
은 자녀를 미운 눈으로 바라보며

55 자기가 먹는 그 자녀의 살을 그 중 누
구에게든지 주지 아니하리니 이는 네 적
군이 네 모든 성읍을 에워싸고 맹렬히 너
를 쳐서 곤란하게 하므로 아무것도 그에
게 남음이 없는 까닭일 것이며

56 또 너희 중에 온유하고 연약한 부녀 곧
온유하고 연약하여 자기 발바닥으로 땅
을 밟아 보지도 아니하던 자라도 자기 품
의 남편과 자기 자녀를 미운 눈으로 바라
보며

50

51

52

53

54

55

56

57 자기 다리 사이에서 나온 태와 자기가
낳은 어린 자식을 남몰래 먹으리니 이는
네 적군이 네 생명을 에워싸고 맹렬히 쳐
서 곤란하게 하므로 아무것도 얻지 못함
이리라

58 네가 만일 이 책에 기록한 이 율법의
모든 말씀을 지켜 행하지 아니하고 네 하
나님 여호와라 하는 영화롭고 두려운 이
름을 경외하지 아니하면

59 여호와께서 네 재앙과 네 자손의 재앙
을 극렬하게 하시리니 그 재앙이 크고 오
래고 그 질병이 중하고 오랠 것이라

60 여호와께서 네가 두려워하던 애굽의
모든 질병을 네게로 가져다가 네 몸에 들
어붙게 하실 것이며

61 또 이 율법책에 기록하지 아니한 모든
질병과 모든 재앙을 네가 멸망하기까지
여호와께서 네게 내리실 것이니

62 너희가 하늘의 별 같이 많을지라도 네
하나님 여호와의 말씀을 청종하지 아니하
므로 남는 자가 얼마 되지 못할 것이라

63 여호와께서 너희에게 선을 행하시고
너희를 번성하게 하시기를 기뻐하시던
것 같이 이제는 여호와께서 너희를 망하
게 하시며 멸하시기를 기뻐하시리니 너
희가 들어가 차지할 땅에서 뽑힐 것이요

64 여호와께서 너를 땅 이 끝에서 저 끝까
지 만민 중에 흩으시리니 네가 그 곳에서
너와 네 조상들이 알지 못하던 목석 우상

57

58

59

60

61

62

63

64

을 섬길 것이라

65 그 여러 민족 중에서 네가 평안함을 얻
지 못하며 네 발바닥이 쉴 곳도 얻지 못하
고 여호와께서 거기에서 네 마음을 떨게
하고 눈을 쇠하게 하고 정신을 산란하게
하시리니

66 네 생명이 위험에 처하고 주야로 두려
워하며 네 생명을 확신할 수 없을 것이라

67 네 마음의 두려움과 눈이 보는 것으로
말미암아 아침에는 이르기를 아하 저녁
이 되었으면 좋겠다 할 것이요 저녁에는
이르기를 아하 아침이 되었으면 좋겠다
하리라

68 여호와께서 너를 배에 싣고 전에 네게
말씀하여 이르시기를 네가 다시는 그 길
을 보지 아니하리라 하시던 그 길로 너를
애굽으로 끌어 가실 것이라 거기서 너희
가 너희 몸을 적군에게 남녀 종으로 팔려
하나 너희를 살 자가 없으리라

모압 땅에서 세우신 언약

29 호렙에서 이스라엘 자손과 세우신
언약 외에 여호와께서 모세에게
명령하여 모압 땅에서 그들과 세우신 언
약의 말씀은 이러하니라

2 모세가 온 이스라엘을 소집하고 그들
에게 이르되 여호와께서 애굽 땅에서 너
희의 목전에 바로와 그의 모든 신하와 그
의 온 땅에 행하신 모든 일을 너희가 보았
나니

3 곧 그 큰 시험과 이적과 큰 기사를 네

65

66

67

68

모압 땅에서 세우신 언약

29

2

3

눈으로 보았느니라

4 그러나 깨닫는 마음과 보는 눈과 듣는
귀는 오늘까지 여호와께서 너희에게 주
지 아니하셨느니라

5 주께서 사십 년 동안 너희를 광야에서
인도하셨거니와 너희 몸의 옷이 낡아지
지 아니하였고 너희 발의 신이 해어지지
아니하였으며

6 너희에게 떡도 먹지 못하며 포도주나
독주를 마시지 못하게 하셨음은 주는 너
희의 하나님 여호와이신 줄을 알게 하려
하심이니라

7 너희가 이 곳에 올 때에 헤스본 왕 시
혼과 바산 왕 옥이 우리와 싸우러 나왔으
므로 우리가 그들을 치고

8 그 땅을 차지하여 르우벤과 갓과 므낫세
반 지파에게 기업으로 주었나니

9 그런즉 너희는 이 언약의 말씀을 지켜
행하라 그리하면 너희가 하는 모든 일이
형통하리라

10 오늘 너희 곧 너희의 수령과 너희의 지
파와 너희의 장로들과 너희의 지도자와
이스라엘 모든 남자와

11 너희의 유아들과 너희의 아내와 및 네
진중에 있는 객과 너를 위하여 나무를 패
는 자로부터 물 긷는 자까지 다 너희의 하
나님 여호와 앞에 서 있는 것은

12 네 하나님 여호와의 언약에 참여하며
또 네 하나님 여호와께서 오늘 네게 하시

는 맹세에 참여하여

13 여호와께서 네게 말씀하신 대로 또 네
조상 아브라함과 이삭과 야곱에게 맹세
하신 대로 오늘 너를 세워 자기 백성을 삼
으시고 그는 친히 네 하나님이 되시려 함
이니라

14 내가 이 언약과 맹세를 너희에게만 세
우는 것이 아니라

15 오늘 우리 하나님 여호와 앞에서 우리
와 함께 여기 서 있는 자와 오늘 우리와
함께 여기 있지 아니한 자에게까지이니

16 (우리가 애굽 땅에서 살았던 것과 너희
가 여러 나라를 통과한 것을 너희가 알며

17 너희가 또 그들 중에 있는 가증한 것과
목석과 은금의 우상을 보았느니라)

18 너희 중에 남자나 여자나 가족이나 지
파나 오늘 그 마음이 우리 하나님 여호와
를 떠나서 그 모든 민족의 신들에게 가서
섬길까 염려하며 독초와 쑥의 뿌리가 너
희 중에 생겨서

19 이 저주의 말을 듣고도 심중에 스스로
복을 빌어 이르기를 내가 내 마음이 완악
하여 젖은 것과 마른 것이 멸망할지라도
내게는 평안이 있으리라 할까 함이라

20 여호와는 이런 자를 사하지 않으실 뿐
아니라 그 위에 여호와의 분노와 질투의
불을 부으시며 또 이 책에 기록된 모든 저
주를 그에게 더하실 것이라 여호와께서
그의 이름을 천하에서 지워버리시되

13
14
15
16
17
18
19
20

21 여호와께서 곧 이스라엘 모든 지파 중에서 그를 구별하시고 이 율법책에 기록된 모든 언약의 저주대로 그에게 화를 더 하시리라

22 너희 뒤에 일어나는 너희의 자손과 멀리서 오는 객이 그 땅의 재앙과 여호와께서 그 땅에 유행시키시는 질병을 보며

23 그 온 땅이 유황이 되며 소금이 되며 또 불에 타서 심지도 못하며 결실함도 없으며 거기에는 아무 풀도 나지 아니함이 옛적에 여호와께서 진노와 격분으로 멸하신 소돔과 고모라와 아드마와 스보임의 무너짐과 같음을 보고 물을 것이요

24 여러 나라 사람들도 묻기를 여호와께서 어찌하여 이 땅에 이같이 행하셨느냐 이같이 크고 맹렬하게 노하심은 무슨 뜻이냐 하면

25 그 때에 사람들이 대답하기를 그 무리가 자기 조상의 하나님 여호와께서 그들의 조상을 애굽에서 인도하여 내실 때에 더불어 세우신 언약을 버리고

26 가서 자기들이 알지도 못하고 여호와께서 그들에게 주시지도 아니한 다른 신들을 따라가서 그들을 섬기고 절한 까닭이라

27 이러므로 여호와께서 이 땅에 진노하사 이 책에 기록된 모든 저주대로 재앙을 내리시고

28 여호와께서 또 진노와 격분과 크게 통한하심으로 그들을 이 땅에서 뽑아내사

21
22
23
24
25
26
27
28

다른 나라에 내던지심이 오늘과 같다 하
리라

29 감추어진 일은 우리 하나님 여호와께
속하였거니와 나타난 일은 영원히 우리
와 우리 자손에게 속하였나니 이는 우리
에게 이 율법의 모든 말씀을 행하게 하심
이니라

29

복 받는 길

복 받는 길

30 내가 네게 진술한 모든 복과 저주
가 네게 임하므로 네가 네 하나님
여호와로부터 쫓겨간 모든 나라 가운데
서 이 일이 마음에서 기억이 나거든

30

2 너와 네 자손이 네 하나님 여호와께로
돌아와 내가 오늘 네게 명령한 것을 온전
히 따라 마음을 다하고 뜻을 다하여 여호
와의 말씀을 청종하면

2

3 네 하나님 여호와께서 마음을 돌이키
시고 너를 긍휼히 여기사 포로에서 돌아
오게 하시되 네 하나님 여호와께서 흩으
신 그 모든 백성 중에서 너를 모으시리니

3

4 네 쫓겨간 자들이 하늘 가에 있을지라
도 네 하나님 여호와께서 거기서 너를 모
으실 것이며 거기서부터 너를 이끄실 것
이라

4

5 네 하나님 여호와께서 너를 네 조상들
이 차지한 땅으로 돌아오게 하사 네게 다
시 그것을 차지하게 하실 것이며 여호와
께서 또 네게 선을 행하사 너를 네 조상들
보다 더 번성하게 하실 것이며

5

6 네 하나님 여호와께서 네 마음과 네 자

6

손의 마음에 할례를 베푸사 너로 마음을
다하며 뜻을 다하여 네 하나님 여호와를
사랑하게 하사 너로 생명을 얻게 하실 것
이며

7 네 하나님 여호와께서 네 적군과 너를
미워하고 핍박하던 자에게 이 모든 저주
를 내리게 하시리니

8 너는 돌아와 다시 여호와의 말씀을 청
종하고 내가 오늘 네게 명령하는 그 모든
명령을 행할 것이라

9-10 네가 네 하나님 여호와의 말씀을 청
종하여 이 율법책에 기록된 그의 명령과
규례를 지키고 네 마음을 다하며 뜻을 다
하여 여호와 네 하나님께 돌아오면 네 하
나님 여호와께서 네 손으로 하는 모든 일
과 네 몸의 소생과 네 가축의 새끼와 네
토지 소산을 많게 하시고 네게 복을 주시
되 곧 여호와께서 네 조상들을 기뻐하신
것과 같이 너를 다시 기뻐하사 네게 복을
주시리라

11 내가 오늘 네게 명령한 이 명령은 네게
어려운 것도 아니요 먼 것도 아니라

12 하늘에 있는 것이 아니니 네가 이르기
를 누가 우리를 위하여 하늘에 올라가 그
의 명령을 우리에게로 가지고 와서 우리
에게 들려 행하게 하라 할 것이 아니요

13 이것이 바다 밖에 있는 것이 아니니 네
가 이르기를 누가 우리를 위하여 바다를
건너가서 그의 명령을 우리에게로 가지
고 와서 우리에게 들려 행하게 하랴 할 것

7

8

9-10

11

12

13

도 아니라

14 오직 그 말씀이 네게 매우 가까워서 네
입에 있으며 네 마음에 있은즉 네가 이를
행할 수 있느니라

15 보라 내가 오늘 생명과 복과 사망과 화
를 네 앞에 두었나니

16 곧 내가 오늘 네게 명령하여 네 하나님
여호와를 사랑하고 그 모든 길로 행하며
그의 명령과 규례와 법도를 지키라 하는
것이라 그리하면 네가 생존하며 번성할
것이요 또 네 하나님 여호와께서 네가 가
서 차지할 땅에서 네게 복을 주실 것임이
니라

17 그러나 네가 만일 마음을 돌이켜 듣지
아니하고 유혹을 받아 다른 신들에게 절
하고 그를 섬기면

18 내가 오늘 너희에게 선언하노니 너희
가 반드시 망할 것이라 너희가 요단을 건
너가서 차지할 땅에서 너희의 날이 길지
못할 것이니라

19 내가 오늘 하늘과 땅을 불러 너희에게
증거를 삼노라 내가 생명과 사망과 복과
저주를 네 앞에 두었은즉 너와 네 자손이
살기 위하여 생명을 택하고

20 네 하나님 여호와를 사랑하고 그의 말
씀을 청종하며 또 그를 의지하라 그는 네
생명이시요 네 장수이시니 여호와께서
네 조상 아브라함과 이삭과 야곱에게 주
리라고 맹세하신 땅에 네가 거주하리라

여호수아가 모세의 뒤를 잇다

14

15

16

17

18

19

20

여호수아가 모세의 뒤를 잇다

31 또 모세가 가서 온 이스라엘에게
이 말씀을 전하여

2 그들에게 이르되 이제 내 나이 백이십
세라 내가 더 이상 출입하지 못하겠고 여
호와께서도 내게 이르시기를 너는 이 요
단을 건너지 못하리라 하셨느니라

3 여호와께서 이미 말씀하신 것과 같이
네 하나님 여호와께서 너보다 먼저 건너
가사 이 민족들을 네 앞에서 멸하시고 네
가 그 땅을 차지하게 할 것이며 여호수아
는 네 앞에서 건너갈지라

4 또한 여호와께서 이미 멸하신 아모리
왕 시혼과 옥과 및 그 땅에 행하신 것과
같이 그들에게도 행하실 것이라

5 또한 여호와께서 그들을 너희 앞에 넘
기시리니 너희는 내가 너희에게 명한 모
든 명령대로 그들에게 행할 것이라

6 너희는 강하고 담대하라 두려워하지
말라 그들 앞에서 떨지 말라 이는 네 하나
님 여호와 그가 너와 함께 가시며 결코 너
를 떠나지 아니하시며 버리지 아니하실
것임이라 하고

7 모세가 여호수아를 불러 온 이스라엘
의 목전에서 그에게 이르되 너는 강하고
담대하라 너는 이 백성을 거느리고 여호
와께서 그들의 조상에게 주리라고 맹세
하신 땅에 들어가서 그들에게 그 땅을 차
지하게 하라

8 그리하면 여호와 그가 네 앞에서 가시

31

2

3

4

5

6

7

8

며 너와 함께 하사 너를 떠나지 아니하시
며 버리지 아니하시리니 너는 두려워하
지 말라 놀라지 말라

일곱 해마다 율법을 낭독하여 주라

9 **또 모세가 이 율법을 써서 여호와의 언**
약궤를 메는 레위 자손 제사장들과 이스
라엘 모든 장로에게 주고

10 **모세가 그들에게 명령하여 이르기를**
매 칠 년 끝 해 곧 면제년의 초막절에

11 **온 이스라엘이 네 하나님 여호와 앞 그**
가 택하신 곳에 모일 때에 이 율법을 낭독
하여 온 이스라엘에게 듣게 할지니

12 **곧 백성의 남녀와 어린이와 네 성읍 안**
에 거류하는 타국인을 모으고 그들에게
듣고 배우고 네 하나님 여호와를 경외하
며 이 율법의 모든 말씀을 지켜 행하게 하
고

13 **또 너희가 요단을 건너가서 차지할 땅**
에 거주할 동안에 이 말씀을 알지 못하는
그들의 자녀에게 듣고 네 하나님 여호와
경외하기를 배우게 할지니라

여호와께서 모세에게 하신 마지막 지시

14 **여호와께서 모세에게 이르시되 네가**
죽을 기한이 가까웠으니 여호수아를 불
러서 함께 회막으로 나아오라 내가 그에
게 명령을 내리리라 모세와 여호수아가
나아가서 회막에 서니

15 **여호와께서 구름 기둥 가운데에서 장**
막에 나타나시고 구름 기둥은 장막 문 위
에 머물러 있더라

일곱 해마다 율법을 낭독하여 주라

9

10

11

12

13

여호와께서 모세에게 하신 마지막 지시

14

15

16 또 여호와께서 모세에게 이르시되 너
는 네 조상과 함께 누우려니와 이 백성은
그 땅으로 들어가 음란히 그 땅의 이방 신
들을 따르며 일어날 것이요 나를 버리고
내가 그들과 맺은 언약을 어길 것이라

17 내가 그들에게 진노하여 그들을 버리
며 내 얼굴을 숨겨 그들에게 보이지 않게
할 것인즉 그들이 삼킴을 당하여 허다한
재앙과 환난이 그들에게 임할 그 때에 그
들이 말하기를 이 재앙이 우리에게 내림
은 우리 하나님이 우리 가운데에 계시지
않은 까닭이 아니냐 할 것이라

18 또 그들이 돌이켜 다른 신들을 따르는
모든 악행으로 말미암아 내가 그 때에 반
드시 내 얼굴을 숨기리라

19 그러므로 이제 너희는 이 노래를 써서
이스라엘 자손들에게 가르쳐 그들의 입
으로 부르게 하여 이 노래로 나를 위하여
이스라엘 자손들에게 증거가 되게 하라

20 내가 그들의 조상들에게 맹세한 바 젖
과 꿀이 흐르는 땅으로 그들을 인도하여
들인 후에 그들이 먹어 배부르고 살찌면
돌이켜 다른 신들을 섬기며 나를 멸시하
여 내 언약을 어기리니

21 그들이 수많은 재앙과 환난을 당할 때
에 그들의 자손이 부르기를 잊지 아니한
이 노래가 그들 앞에 증인처럼 되리라 나
는 내가 맹세한 땅으로 그들을 인도하여
들이기 전 오늘 나는 그들이 생각하는 바

16

17

18

19

20

21

를 아노라

22 그러므로 모세가 그 날 이 노래를 써서
이스라엘 자손들에게 가르쳤더라

23 여호와께서 또 눈의 아들 여호수아에
게 명령하여 이르시되 너는 이스라엘 자
손들을 인도하여 내가 그들에게 맹세한
땅으로 들어가게 하리니 강하고 담대하
라 내가 너와 함께 하리라 하시니라

24 모세가 이 율법의 말씀을 다 책에 써서
마친 후에

25 모세가 여호와의 언약궤를 메는 레위
사람에게 명령하여 이르되

26 이 율법책을 가져다가 너희 하나님 여
호와의 언약궤 곁에 두어 너희에게 증거
가 되게 하라

27 내가 너희의 반역함과 목이 곧은 것을
아나니 오늘 내가 살아서 너희와 함께 있
어도 너희가 여호와를 거역하였거든 하
물며 내가 죽은 후의 일이랴

28 너희 지파 모든 장로와 관리들을 내 앞
에 모으라 내가 이 말씀을 그들의 귀에 들
려주고 그들에게 하늘과 땅을 증거로 삼
으리라

29 내가 알거니와 내가 죽은 후에 너희가
스스로 부패하여 내가 너희에게 명령한
길을 떠나 여호와의 목전에 악을 행하여
너희의 손으로 하는 일로 그를 격노하게
하므로 너희가 후일에 재앙을 당하리라
하니라

모세의 노래

30 그리고 모세가 이스라엘 총회에 이 노
래의 말씀을 끝까지 읽어 들리니라

32 하늘이여 귀를 기울이라 내가 말
하리라 땅은 내 입의 말을 들을지
어다

2 내 교훈은 비처럼 내리고 내 말은 이슬처
럼 맺히나니 연한 풀 위의 가는 비 같고 채
소 위의 단비 같도다

3 내가 여호와의 이름을 전파하리니 너
희는 우리 하나님께 위엄을 돌릴지어다

4 그는 반석이시니 그가 하신 일이 완전
하고 그의 모든 길이 정의롭고 진실하고
거짓이 없으신 하나님이시니 공의로우시
고 바르시도다

5 그들이 여호와를 향하여 악을 행하니
하나님의 자녀가 아니요 흠이 있고 삐뚤
어진 세대로다

6 어리석고 지혜 없는 백성아 여호와께
이같이 보답하느냐 그는 네 아버지시요
너를 지으신 이가 아니시냐 그가 너를 만
드시고 너를 세우셨도다

7 옛날을 기억하라 역대의 연대를 생각
하라 네 아버지에게 물으라 그가 네게 설
명할 것이요 네 어른들에게 물으라 그들
이 네게 말하리로다

8 지극히 높으신 자가 민족들에게 기업
을 주실 때에, 인종을 나누실 때에 이스라
엘 자손의 수효대로 백성들의 경계를 정
하셨도다

모세의 노래

30

32

2

3

4

5

6

7

8

9 여호와의 분깃은 자기 백성이라 야곱
은 그가 택하신 기업이로다

10 여호와께서 그를 황무지에서, 짐승이
부르짖는 광야에서 만나시고 호위하시며
보호하시며 자기의 눈동자 같이 지키셨
도다

11 마치 독수리가 자기의 보금자리를 어
지럽게 하며 자기의 새끼 위에 너풀거리
며 그의 날개를 펴서 새끼를 받으며 그의
날개 위에 그것을 업는 것 같이

12 여호와께서 홀로 그를 인도하셨고 그
와 함께 한 다른 신이 없었도다

13 여호와께서 그가 땅의 높은 곳을 타고
다니게 하시며 밭의 소산을 먹게 하시며
반석에서 꿀을, 굳은 반석에서 기름을 빨
게 하시며

14 소의 엉긴 젖과 양의 젖과 어린 양의
기름과 바산에서 난 숫양과 염소와 지극
히 아름다운 밀을 먹이시며 또 포도즙의
붉은 술을 마시게 하셨도다

15 그런데 여수룬이 기름지매 발로 찼도
다 네가 살찌고 비대하고 윤택하매 자기
를 지으신 하나님을 버리고 자기를 구원
하신 반석을 업신여겼도다

16 그들이 다른 신으로 그의 질투를 일으
키며 가증한 것으로 그의 진노를 격발하
였도다

17 그들은 하나님께 제사하지 아니하고
귀신들에게 하였으니 곧 그들이 알지 못

하던 신들, 근래에 들어온 새로운 신들 너
희의 조상들이 두려워하지 아니하던 것
들이로다

18 너를 낳은 반석을 네가 상관하지 아니
하고 너를 내신 하나님을 네가 잊었도다

19 그러므로 여호와께서 보시고 미워하
셨으니 그 자녀가 그를 격노하게 한 까닭
이로다

20 그가 말씀하시기를 내가 내 얼굴을 그
들에게서 숨겨 그들의 종말이 어떠함을
보리니 그들은 심히 패역한 세대요 진실
이 없는 자녀임이로다

21 그들이 하나님이 아닌 것으로 내 질투
를 일으키며 허무한 것으로 내 진노를 일
으켰으니 나도 백성이 아닌 자로 그들에
게 시기가 나게 하며 어리석은 민족으로
그들의 분노를 일으키리로다

22 그러므로 내 분노의 불이 일어나서 스
올의 깊은 곳까지 불사르며 땅과 그 소산
을 삼키며 산들의 터도 불타게 하는도다

23 내가 재앙을 그들 위에 쌓으며 내 화살
이 다할 때까지 그들을 쏘리로다

24 그들이 주리므로 쇠약하며 불 같은 더
위와 독한 질병에 삼켜질 것이라 내가 들
짐승의 이와 티끌에 기는 것의 독을 그들
에게 보내리로다

25 밖으로는 칼에, 방 안에서는 놀람에 멸
망하리니 젊은 남자도 처녀도 백발 노인
과 함께 젖 먹는 아이까지 그러하리로다

18

19

20

21

22

23

24

25

26 내가 그들을 흩어서 사람들 사이에서
그들에 대한 기억이 끊어지게 하리라 하
였으나

27 혹시 내가 원수를 자극하여 그들의 원
수가 잘못 생각할까 걱정하였으니 원수
들이 말하기를 우리의 수단이 높으며 여
호와가 이 모든 것을 행함이 아니라 할까
염려함이라

28 그들은 모략이 없는 민족이라 그들 중
에 분별력이 없도다

29 만일 그들이 지혜가 있어 이것을 깨달
았으면 자기들의 종말을 분별하였으리라

30 그들의 반석이 그들을 팔지 아니하였
고 여호와께서 그들을 내주지 아니하셨
더라면 어찌 하나가 천을 쫓으며 둘이 만
을 도망하게 하였으리요

31 진실로 그들의 반석이 우리의 반석과
같지 아니하니 우리의 원수들이 스스로
판단하도다

32 이는 그들의 포도나무는 소돔의 포도
나무요 고모라의 밭의 소산이라 그들의
포도는 독이 든 포도이니 그 송이는 쓰며

33 그들의 포도주는 뱀의 독이요 독사의
맹독이라

34 이것이 내게 쌓여 있고 내 곳간에 봉하
여 있지 아니한가

35 그들이 실족할 그 때에 내가 보복하리
라 그들의 환난날이 가까우니 그들에게
닥칠 그 일이 속히 오리로다

26
27
28
29
30
31
32
33
34
35

36 참으로 여호와께서 자기 백성을 판단
하시고 그 종들을 불쌍히 여기시리니 곧
그들의 무력함과 갇힌 자나 놓인 자가 없
음을 보시는 때에로다

37 또한 그가 말씀하시기를 그들의 신들
이 어디 있으며 그들이 피하던 반석이 어
디 있느냐

38 그들의 제물의 기름을 먹고 그들의 전
제의 제물인 포도주를 마시던 자들이 일
어나 너희를 돕게 하고 너희를 위해 피난
처가 되게 하라

39 이제는 나 곧 내가 그인 줄 알라 나 외
에는 신이 없도다 나는 죽이기도 하며 살
리기도 하며 상하게도 하며 낫게도 하나
니 내 손에서 능히 빼앗을 자가 없도다

40 이는 내가 하늘을 향하여 내 손을 들고
말하기를 내가 영원히 살리라 하였노라

41 내가 내 번쩍이는 칼을 갈며 내 손이
정의를 붙들고 내 대적들에게 복수하며
나를 미워하는 자들에게 보응할 것이라

42 내 화살이 피에 취하게 하고 내 칼이
그 고기를 삼키게 하리니 곧 피살자와 포
로된 자의 피요 대적의 우두머리의 머리
로다

43 너희 민족들아 주의 백성과 즐거워하
라 주께서 그 종들의 피를 갚으사 그 대적
들에게 복수하시고 자기 땅과 자기 백성
을 위하여 속죄하시리로다

44 모세와 눈의 아들 호세아가 와서 이 노래
의 모든 말씀을 백성에게 말하여 들리니라

36

37

38

39

40

41

42

43

44

45 모세가 이 모든 말씀을 온 이스라엘에
게 말하기를 마치고

46 그들에게 이르되 내가 오늘 너희에게
증언한 모든 말을 너희의 마음에 두고 너
희의 자녀에게 명령하여 이 율법의 모든
말씀을 지켜 행하게 하라

47 이는 너희에게 헛된 일이 아니라 너희
의 생명이니 이 일로 말미암아 너희가 요
단을 건너가 차지할 그 땅에서 너희의 날
이 장구하리라

48 바로 그 날에 여호와께서 모세에게 말
씀하여 이르시되

49 너는 여리고 맞은편 모압 땅에 있는 아
바림 산에 올라가 느보 산에 이르러 내가
이스라엘 자손에게 기업으로 주는 가나
안 땅을 바라보라

50 네 형 아론이 호르 산에서 죽어 그의 조
상에게로 돌아간 것 같이 너도 올라가는
이 산에서 죽어 네 조상에게로 돌아가리니

51 이는 너희가 신 광야 가데스의 므리바
물 가에서 이스라엘 자손 중 내게 범죄하
여 내 거룩함을 이스라엘 자손 중에서 나
타내지 아니한 까닭이라

52 네가 비록 내가 이스라엘 자손에게 주
는 땅을 맞은편에서 바라보기는 하려니
와 그리로 들어가지는 못하리라 하시니
라

모세의 축복

33 하나님의 사람 모세가 죽기 전에
이스라엘 자손을 위하여 축복함이

45

46

47

48

49

50

51

52

모세의 축복

33

이러하니라

2 그가 일렀으되 여호와께서 시내 산에
서 오시고 세일 산에서 일어나시고 바란
산에서 비추시고 일만 성도 가운데에 강
림하셨고 그의 오른손에는 그들을 위해
번쩍이는 불이 있도다

3 여호와께서 백성을 사랑하시나니 모
든 성도가 그의 수중에 있으며 주의 발 아
래에 앉아서 주의 말씀을 받는도다

4 모세가 우리에게 율법을 명령하였으
니 곧 야곱의 총회의 기업이로다

5 여수룬에 왕이 있었으니 곧 백성의 수
령이 모이고 이스라엘 모든 지파가 함께
한 때에로다

6 르우벤은 죽지 아니하고 살기를 원하며
그 사람 수가 적지 아니하기를 원하나이다

7 유다에 대한 축복은 이러하니라 일렀
으되 여호와여 유다의 음성을 들으시고
그의 백성에게로 인도하시오며 그의 손
으로 자기를 위하여 싸우게 하시고 주께
서 도우사 그가 그 대적을 치게 하시기를
원하나이다

8 레위에 대하여는 일렀으되 주의 둠밈
과 우림이 주의 경건한 자에게 있도다 주
께서 그를 맛사에서 시험하시고 므리바
물 가에서 그와 다투셨도다

9 그는 그의 부모에게 대하여 이르기를
내가 그들을 보지 못하였다 하며 그의 형
제들을 인정하지 아니하며 그의 자녀를

2

3

4

5

6

7

8

9

알지 아니한 것은 주의 말씀을 준행하고
주의 언약을 지킴으로 말미암음이로다

10 주의 법도를 야곱에게, 주의 율법을 이
스라엘에게 가르치며 주 앞에 분향하고
온전한 번제를 주의 제단 위에 드리리로
다

11 여호와여 그의 재산을 풍족하게 하시
고 그의 손의 일을 받으소서 그를 대적하
여 일어나는 자와 미워하는 자의 허리를
꺾으사 다시 일어나지 못하게 하옵소서

12 베냐민에 대하여는 일렀으되 여호와
의 사랑을 입은 자는 그 곁에 안전히 살리
로다 여호와께서 그를 날이 마치도록 보
호하시고 그를 자기 어깨 사이에 있게 하
시리로다

13 요셉에 대하여는 일렀으되 원하건대
그 땅이 여호와께 복을 받아 하늘의 보물
인 이슬과 땅 아래에 저장한 물과

14 태양이 결실하게 하는 선물과 태음이
자라게 하는 선물과

15 옛 산의 좋은 산물과 영원한 작은 언덕
의 선물과

16 땅의 선물과 거기 충만한 것과 가시떨
기나무 가운데에 계시던 이의 은혜로 말
미암아 복이 요셉의 머리에, 그의 형제 중
구별한 자의 정수리에 임할지로다

17 그는 첫 수송아지 같이 위엄이 있으니
그 뿔이 들소의 뿔 같도다 이것으로 민족
들을 받아 땅 끝까지 이르리니 곧 에브라
임의 자손은 만만이요 므낫세의 자손은

10

11

12

13

14

15

16

17

천천이리로다

18 **스불론에 대하여는 일렀으되 스불론**
이여 너는 밖으로 나감을 기뻐하라 잇사
갈이여 너는 장막에 있음을 즐거워하라

19 **그들이 백성들을 불러 산에 이르게 하**
고 거기에서 의로운 제사를 드릴 것이며
바다의 풍부한 것과 모래에 감추어진 보
배를 흡수하리로다

20 **갓에 대하여는 일렀으되 갓을 광대하**
게 하시는 이에게 찬송을 부를지어다 갓
이 암사자 같이 엎드리고 팔과 정수리를
찢는도다

21 **그가 자기를 위하여 먼저 기업을 택하**
였으니 곧 입법자의 분깃으로 준비된 것
이로다 그가 백성의 수령들과 함께 와서
여호와의 공의와 이스라엘과 세우신 법
도를 행하도다

22 **단에 대하여는 일렀으되 단은 바산에**
서 뛰어나오는 사자의 새끼로다

23 **납달리에 대하여는 일렀으되 은혜가**
풍성하고 여호와의 복이 가득한 납달리
여 너는 서쪽과 남쪽을 차지할지로다

24 **아셀에 대하여는 일렀으되 아셀은 아**
들들 중에 더 복을 받으며 그의 형제에게
기쁨이 되며 그의 발이 기름에 잠길지로
다

25 **네 문빗장은 철과 놋이 될 것이니 네가**
사는 날을 따라서 능력이 있으리로다

26 **여수룬이여 하나님 같은 이가 없도다**
그가 너를 도우시려고 하늘을 타고 궁창

18

19

20

21

22

23

24

25

26

에서 위엄을 나타내시는도다

27 **영원하신 하나님이 네 처소가 되시니**
그의 영원하신 팔이 네 아래에 있도다 그
가 네 앞에서 대적을 쫓으시며 멸하라 하
시도다

28 **이스라엘이 안전히 거하며 야곱의 샘**
은 곡식과 새 포도주의 땅에 홀로 있나니
곧 그의 하늘이 이슬을 내리는 곳에로다

29 **이스라엘이여 너는 행복한 사람이로**
다 여호와의 구원을 너 같이 얻은 백성이
누구냐 그는 너를 돕는 방패시요 네 영광
의 칼이시로다 네 대적이 네게 복종하리
니 네가 그들의 높은 곳을 밟으리로다

모세의 죽음

34 **모세가 모압 평지에서 느보 산에**
올라가 여리고 맞은편 비스가 산
꼭대기에 이르매 여호와께서 길르앗 온
땅을 단까지 보이시고

2 **또 온 납달리와 에브라임과 므낫세의**
땅과 서해까지의 유다 온 땅과

3 **네겝과 종려나무의 성읍 여리고 골짜**
기 평지를 소알까지 보이시고

4 **여호와께서 그에게 이르시되 이는 내**
가 아브라함과 이삭과 야곱에게 맹세하
여 그의 후손에게 주리라 한 땅이라 내가
네 눈으로 보게 하였거니와 너는 그리로
건너가지 못하리라 하시매

5 **이에 여호와의 종 모세가 여호와의 말**
씀대로 모압 땅에서 죽어

27
28
29
모세의 죽음
34
2
3
4
5

6 벳브올 맞은편 모압 땅에 있는 골짜기
에 장사되었고 오늘까지 그의 묻힌 곳을
아는 자가 없느니라

7 모세가 죽을 때 나이 백이십 세였으나
그의 눈이 흐리지 아니하였고 기력이 쇠
하지 아니하였더라

8 이스라엘 자손이 모압 평지에서 모세
를 위하여 애곡하는 기간이 끝나도록 모
세를 위하여 삼십 일을 애곡하니라

9 모세가 눈의 아들 여호수아에게 안수
하였으므로 그에게 지혜의 영이 충만하
니 이스라엘 자손이 여호와께서 모세에
게 명령하신 대로 여호수아의 말을 순종
하였더라

10 그 후에는 이스라엘에 모세와 같은 선
지자가 일어나지 못하였나니 모세는 여
호와께서 대면하여 아시던 자요

11 여호와께서 그를 애굽 땅에 보내사 바
로와 그의 모든 신하와 그의 온 땅에 모든
이적과 기사와

12 모든 큰 권능과 위엄을 행하게 하시매
온 이스라엘의 목전에서 그것을 행한 자
이더라

6

7

8

9

10

11

12

MEMO

남기고 싶은 글

남기고 싶은 글

주기도문 새번역

하늘에 계신 우리 아버지,
아버지의 이름을 거룩하게 하시며
아버지의 나라가 오게 하시며,
아버지의 뜻이 하늘에서와 같이 땅에서도 이루어지게 하소서.
오늘 우리에게 일용할 양식을 주시고,
우리가 우리에게 잘못한 사람을 용서하여 준 것같이
우리 죄를 용서하여 주시고,
우리를 시험에 빠지지 않게 하시고, 악에서 구하소서.
나라와 권능과 영광이 영원히 아버지의 것입니다.
아멘.

새번역 사도신경

나는 전능하신 아버지 하나님, 천지의 창조주를 믿습니다.
나는 그의 유일하신 아들, 우리 주 예수 그리스도를 믿습니다.
그는 성령으로 잉태되어 동정녀 마리아에게서 나시고,
본디오 빌라도에게 고난을 받아 십자가에 못 박혀 죽으시고,
장사된 지 사흘 만에 죽은 자 가운데서 다시 살아나셨으며,
하늘에 오르시어 전능하신 아버지 하나님 우편에 앉아 계시다가,
거기로부터 살아 있는 자와 죽은 자를 심판하러 오십니다.
나는 성령을 믿으며, 거룩한 공교회와 성도의 교제와
죄를 용서받는 것과 몸의 부활과 영생을 믿습니다.
아멘.

십계명

제일은, 너는 나 외에는 다른 신들을 네게 두지 말라.

제이는, 너를 위하여 새긴 우상을 만들지 말고,
또 위로 하늘에 있는 것이나, 아래로 땅에 있는 것이나,
땅 아래 물 속에 있는 것의 어떤 형상도 만들지 말며,
그것들에게 절하지 말며, 그것들을 섬기지 말라.

제삼은, 너는 네 하나님 여호와의 이름을 망령되게 부르지 말라.

제사는, 안식일을 기억하여 거룩하게 지키라.

제오는, 네 부모를 공경하라.

제육은, 살인하지 말라.

제칠은, 간음하지 말라.

제팔은, 도둑질하지 말라.

제구는, 네 이웃에 대하여 거짓 증거하지 말라.

제십은, 네 이웃의 집을 탐내지 말라.

손글씨성경 [구약_신명기]

2021년 9월 20일 초판 1쇄 발행

펴 낸 이 김수곤
디 자 인 디자인이츠
발 행 처 MISSION TORCH
등 록 일 1999년 9월 21일 제 54호
등록주소 서울 송파구 백제고분로 27길 12(삼전동)
전　　화 (02)2203-2739
팩　　스 (02)2203-2738
이 메 일 ccm2you@gmail.com
홈페이지 www.ccm2u.com